快递业务与运营实务

主　编　朱溪亭
副主编　杨琳华

北京理工大学出版社
BEIJING INSTITUTE OF TECHNOLOGY PRESS

版权专有　侵权必究

图书在版编目（CIP）数据

快递业务与运营实务/朱溪亭主编 . —北京：北京理工大学出版社，2018.3（2022.6 重印）

ISBN 978-7-5682-5111-2

Ⅰ.①快… Ⅱ.①朱… Ⅲ.①快递-邮政业务-中国-高等职业教育-教材 Ⅳ.①F632

中国版本图书馆 CIP 数据核字（2018）第 000354 号

出版发行 / 北京理工大学出版社有限责任公司
社　　址 / 北京市海淀区中关村南大街 5 号
邮　　编 / 100081
电　　话 / （010）68914775（总编室）
　　　　　 （010）82562903（教材售后服务热线）
　　　　　 （010）68944723（其他图书服务热线）
网　　址 / http：//www.bitpress.com.cn
经　　销 / 全国各地新华书店
印　　刷 / 三河市华骏印务包装有限公司
开　　本 / 787 毫米 × 1092 毫米　1/16
印　　张 / 9　　　　　　　　　　　　　　　　　　　责任编辑 / 王晓莉
字　　数 / 213 千字　　　　　　　　　　　　　　　　文案编辑 / 王晓莉
版　　次 / 2018 年 3 月第 1 版　2022 年 6 月第 5 次印刷　责任校对 / 周瑞红
定　　价 / 26.00 元　　　　　　　　　　　　　　　　责任印制 / 施胜娟

图书出现印装质量问题，请拨打售后服务热线，本社负责调换

前　言

近年来，中国快递企业紧紧抓住"互联网+"的重大机遇，使一个不起眼的"草根产业"快速成长为新经济的一匹"黑马"。国家邮政局统计数据显示，2016年，中国快递业务量完成313.5亿件，同比增长51.7%；业务收入完成4 005亿元，同比增长44.6%。这是中国快递业连续6年保持50%左右的高增长。中国已牢牢锁定"第一快递大国"的地位。快递行业的蓬勃发展带来了不断增长的对快递人才的需求，也对快递人才的培养提出了更高的要求。

为此，本书编者深入快递企业一线进行调研，结合多年高职院校快递实务课程的教学实践，联合快递企业专家，开发了此项目化教程。本书以快递企业的业务操作过程为主线，融合快递业务操作和快递企业运营管理的方法。主要内容包括：快递收寄、快递处理、快递运输、快递派送、快第客户服务等。教材体例上以工作任务为导向，以项目教学为组织形式，突出技能训练，注重理论与实际操作技能相结合，同时，充分考虑了高职学生快递岗位职业技能发展的要求，符合其认知规律。项目任务中都融入了真实的企业案例和最新的行业动态，同时在每个项目的最后配有测试题，便于读者练习和检测学习效果。

本书由苏州健雄职业技术学院商学院专任教师朱溪亭任主编，杨琳华任副主编，费晓丹、吴广柱参与编写。本书的编写得到了苏州顺丰速运有限公司的大力支持，在此表示感谢。

由于编者水平有限，书中如有不足之处敬请各位读者批评指正，以便修订时改进。

目 录

模块一 认识快递行业 ………………………………………………………………… (1)
  1.1 快递溯源 …………………………………………………………………………… (2)
    一、中国古代的快递 ……………………………………………………………… (2)
    二、中国近代快递 ………………………………………………………………… (2)
    三、现代快递起源 ………………………………………………………………… (3)
  1.2 认识快递企业 ……………………………………………………………………… (4)
    一、按企业性质分类 ……………………………………………………………… (5)
    二、按经营模式分类 ……………………………………………………………… (6)
  1.3 认识快递行业 ……………………………………………………………………… (7)
    一、中国快递服务的发展历程 …………………………………………………… (7)
    二、快递行业面临的问题 ………………………………………………………… (8)
    三、快递行业新趋势 ……………………………………………………………… (8)

模块二 快递的基础知识 ……………………………………………………………… (11)
  2.1 快递的基本概念和业务分类 …………………………………………………… (12)
    一、快递的概念 …………………………………………………………………… (12)
    二、快递业务的分类 ……………………………………………………………… (13)
  2.2 快递的基本流程 …………………………………………………………………… (15)
    一、快递业务一般流程 …………………………………………………………… (16)
    二、快递业务流程基本环节 ……………………………………………………… (17)
  2.3 快递的网络与网点 ………………………………………………………………… (18)
    一、快递运营网络 ………………………………………………………………… (19)
    二、快递网点 ……………………………………………………………………… (20)

模块三 快递收寄业务 ………………………………………………………………… (24)
  3.1 收寄基本知识 ……………………………………………………………………… (25)
    一、几种不同的收寄方式 ………………………………………………………… (28)
    二、收寄业务的基本要求 ………………………………………………………… (28)

三、收寄作业流程（以上门收寄为例） ……………………………………… (29)
　3.2　识别禁限运品 …………………………………………………………………… (31)
　　一、禁止寄递物品 ………………………………………………………………… (31)
　　二、限制寄递物品 ………………………………………………………………… (32)
　3.3　快件包装 ………………………………………………………………………… (34)
　　一、快递包装材料及规范 ………………………………………………………… (34)
　　二、胶带纸与打包带的使用 ……………………………………………………… (35)
　3.4　快递费用计算 …………………………………………………………………… (38)
　3.5　填写并粘贴运单 ………………………………………………………………… (39)
　　一、快递运单的种类 ……………………………………………………………… (39)
　　二、快递运单的内容及填写规范 ………………………………………………… (41)
　　三、快递运单和标识的粘贴 ……………………………………………………… (42)

模块四　快递处理业务 ……………………………………………………………… (45)
　4.1　快递处理的基本流程 …………………………………………………………… (46)
　　一、快递处理的概念和作用 ……………………………………………………… (46)
　　二、快递处理的作业流程 ………………………………………………………… (46)
　4.2　快递分拣和封发 ………………………………………………………………… (47)
　　一、快递的分拣 …………………………………………………………………… (48)
　　二、快递的封发 …………………………………………………………………… (51)
　4.3　进出境快件的处理 ……………………………………………………………… (53)
　　一、进出境快件及其报关手续 …………………………………………………… (53)
　　二、快递进出境流程 ……………………………………………………………… (54)

模块五　快递运输业务 ……………………………………………………………… (58)
　5.1　快递运输概述 …………………………………………………………………… (59)
　　一、快递运输认知 ………………………………………………………………… (59)
　　二、运输路线的分类 ……………………………………………………………… (59)
　　三、快递干线运输组织形式 ……………………………………………………… (60)
　5.2　公路快件运输 …………………………………………………………………… (63)
　　一、公路运输管理 ………………………………………………………………… (63)
　　二、公路运输异常情况 …………………………………………………………… (65)
　5.3　航空快件运输 …………………………………………………………………… (67)
　　一、航空运输作业流程 …………………………………………………………… (68)
　　二、航空运输异常情况 …………………………………………………………… (69)

模块六　快递派送业务 ……………………………………………………………… (72)
　6.1　派前准备工作 …………………………………………………………………… (73)
　　一、派送基本知识 ………………………………………………………………… (74)
　　二、派送前的准备工作 …………………………………………………………… (75)
　　三、快件装车捆绑注意事项 ……………………………………………………… (75)

6.2 派送服务流程 (76)
　　一、货物签收要求 (77)
　　二、签收注意事项 (77)
　　三、返单 (77)
　　四、派件后的交接工作 (78)
6.3 派件异常处理 (78)
　　一、派件前的异常情况 (79)
　　二、派件中的异常情况 (79)

模块七 快递客户服务 (82)

7.1 认知快递客服 (83)
　　一、快递客服中心的定义 (83)
　　二、客服人员应具备的素质 (84)
7.2 快递客服业务 (85)
　　一、快递客服业务流程 (86)
　　二、快递客服应答规范 (88)
　　三、快递客服应对技巧 (89)
7.3 快递客户管理 (91)
　　一、按客户价值大小分类 (92)
　　二、按客户所在市场类型分类 (93)
　　三、按客户所在区域或范围分类 (93)
　　四、按客户所处状态分类 (94)

模块八 快递保价与赔偿 (97)

8.1 快递服务合同 (98)
　　一、快递服务合同的概念和法律特征 (98)
　　二、快递服务合同的形式与条款 (98)
　　三、快递服务合同主体的权利和义务 (99)
8.2 快递保价与赔偿 (102)
　　一、快递保价 (103)
　　二、快递赔偿 (103)

附录 中华人民共和国《快递服务》国家标准（GB/T 27917） (108)

参考文献 (135)

模块一

认识快递行业

内容提要

1.1 快递溯源
1.2 认识快递企业
1.3 认识快递行业

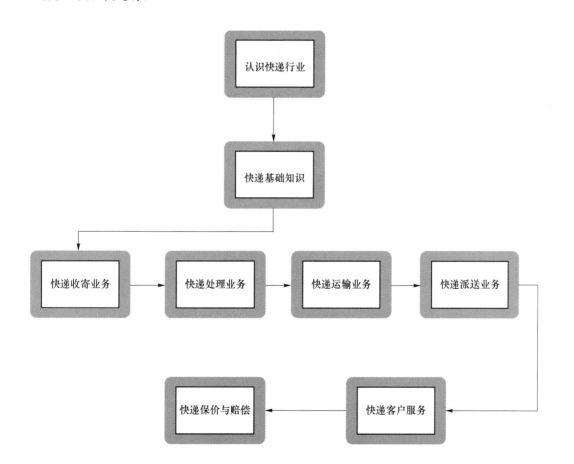

1.1 快递溯源

学习目标

能力目标：能够识别古代"快递"与现代快递的区别
知识目标：了解我国古代快递起源；了解现代快递业的起源

工作任务

《过华清宫绝句》
杜牧
长安回望绣成堆，山顶千门次第开。
一骑红尘妃子笑，无人知是荔枝来。

假设你身处唐朝，要帮杨贵妃从岭南快递三斤①荔枝到长安，需要怎么做？假设你生活在 2016 年，今天你想从福建快递三斤荔枝到太仓，需要怎么做？请讨论并搜索网络，具体描述这两种情景下可能发生的业务处理过程。

核心知识

一、中国古代的快递

在我国古代，"快递员"被称为"健步""邮人""驿足""递夫"。相传陈末隋初有一位叫麦铁杖的"投递员"，"日行五百里，走及奔马"，曾由京城夜送诏书到徐州，"夜至旦还"。快递在我国古代经历了"步传、车传、马传、驿站递铺（急脚递）、邮驿合并（新式邮政）"的发展过程，一般递送的是官府文书，主要服务于朝廷和政府，是政府和军事的"耳目延伸器"，带有明显的官方色彩。秦汉时期，全国已有成熟的快递网络。隋唐以后，对快递不快、泄密等违规行为已有严厉的惩罚措施。

二、中国近代快递

清朝邮政当时也面临着商营民信局的竞争，由于邮政递送效率不高，因此在 1905 年，推出快信制度，并且设计了以"飞龙"为造型的绿色邮票（图 1.1.1）。

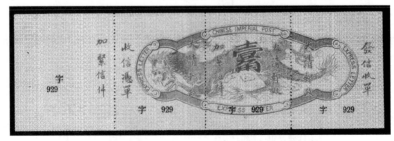

图 1.1.1 清代"飞龙"造型邮票（快信专用）

---

① 1 斤 = 500 克。

三、现代快递起源

20 世纪中叶，资本主义经济迅速发展，现代快递业诞生。

1907 年 8 月，美国联合包裹运送服务公司（UPS）创始人吉姆，在华盛顿州西雅图市创建了美国信使公司，设立服务网点，接听客户电话，指派专人上门收件，把快件按照发件人的要求和时限送到收件人手中。这是现代"国内快递"的开端。

1969 年 3 月，美国大学生达尔希（Dalsey）利用探望朋友的机会，乘坐飞机为一艘德国商船从旧金山将一份文件取回夏威夷。完成任务后，1969 年 10 月，达尔希联合赫尔布罗姆（Hillblom）和林恩（Lynn）在美国旧金山成立了 DHL 航空快件公司（图 1.1.2），公司名称由三人名字的首字母缩合而成，主要经营国际业务，"国际快递"由此诞生。

图 1.1.2　DHL 航空快件公司的开创者之一达尔希

案例链接

快递的产生

1969 年 3 月的一天，一位名叫达尔希的美国青年到加利福尼亚的一家海运公司看望朋友。他听一位管理人员讲，一艘德国商船正停泊在夏威夷港等待加利福尼亚（旧金山）签发的提单。如果通过正常的邮政途径，需要一个星期提单才能到达夏威夷。达尔希提出他愿意乘飞机将文件送到目的港。公司管理人员通过比较发现，此举可以节约昂贵的港口使用费和船舶滞港费用，于是便同意了他的建议，并将文件交给了他。达尔希乘飞机专程来到夏威夷，亲手将文件交给了收货人。收货人迅速办理了卸货手续，使货船顺利交货返航，这一举动减少了该海运公司在港口的各项费用，也得到了收货人的赞赏。达尔希有了这次经验后，便与几位志同道合的朋友一起创立了世界上第一家快递公司——敦豪公司（DHL 公司），总部设在旧金山，专门从事银行票、航运文件、单证的传递业务，后来又将业务扩大到货物样品等小包裹运送服务。由于通过这种运送方式可以快捷、准确、可靠地将文件和货物送到收货（件）人的手中，所以，快递业从一出现就受到从事跨国经营业务的贸易、金融、运输各界人士的热烈欢迎。

分析：1. 快递的产生是由于传统跨国邮政速度和服务质量与经济的发展不相适应。2. 由于快递业快捷、安全的运送特点满足了工商、贸易的要求，因而它在全世界范围内迅速发展起来，特别是在美国、日本、西欧各国等经济发达的国家和地区发展更为迅速。

【课后练习1.1】

一、填空题

1. 快递在我国古代经历了"＿＿＿＿、车传、＿＿＿＿、驿站递铺（急脚递）、邮驿合并（新式邮政）"的发展过程，一般递送的是＿＿＿＿。

2. 1907年8月，美国联合包裹运送服务公司（UPS）创始人吉姆，在华盛顿州西雅图市创建了美国信使公司。设立＿＿，接听客户电话，指派专人＿＿，把快件按照发件人的要求和＿＿送到收件人手中。这是现代"＿＿"的开端。

二、判断题

1. 我国古代的快递主要服务于普通百姓，具有较强烈的民间色彩。（　　）
2. 现代快递的产生是由于传统跨国邮政速度和服务质量与经济的发展不相适应。（　　）

三、简答题

现代快递与古代快递有什么区别？简要谈谈你对这一问题的认识。

1.2 认识快递企业

学习目标

能力目标：能够区分不同类型的快递企业

知识目标：了解快递企业的不同类型；了解国际国内知名快递企业的发展和业务现状

工作任务

根据2015年国家邮政局发布的《快递服务满意度调查结果》，国内快递业务总量排名靠前且服务水平较高的10家全网型快递服务品牌包括：中国邮政速递物流、顺丰速运、圆通快递、申通快递、中通快递、韵达快递、百世汇通、天天快递、国通快递和宅急送，如图1.2.1所示。

通过对国内知名快递企业相关资料的搜索完成以下任务：

(1) 了解成功快递企业的发展历程、业务范围、企业文化。

(2) 通过对比，分析不同快递公司在企业性质、运营方式等方面的区别。

图 1.2.1　全网型快递服务品牌

一、按企业性质分类

1. 外资快递企业

由于以前国家对快递业的境外业务有政策的限制性，因此境外速递公司以其独特的方式——合资在中国运作。例如 DHL 就和中外运（中国对外贸易运输集团总公司）建立了中外运——DHL、TNT 与 EMS 合作的"中速"等。各大跨国快运速递公司以合资的形式参与我国快运速递业的竞争。随着中国加入 WTO，我国已经逐步放宽政策甚至取消相关政策层面的限制，于是外资企业纷纷收购和吞并我国快递企业，同时进行大规模的投资，进一步扩大市场份额。外资外递企业因具有丰富的经验、雄厚的资金以及发达的全球网络，使得快运速递业的竞争非常激烈。

2. 国有快递企业

以中国邮政 EMS、中铁快运等为代表的国内快运速递公司，经过多年的发展已积聚了相当的能量，同时依靠其背景优势和完善的国内网络而在国内快递市场处于领先地位。

中国邮政 EMS：拥有国内最大的实物传递网络，遍布城乡，有六万多个服务网点，十余万人的投递大军，同时在百姓中有着天然的亲和力，在百姓中享有较高的信誉。

中铁快运：以铁路旅客列车行李车为主要运输工具，并辅以汽车接运和铁海、铁空联运，实行门到门的货物特快专递服务。中铁快运在全国各大中城市都设立了专业快运机构，形成了连锁服务网络。在此基础上，中铁快运还开办了铁空联运和铁海联运，同时办理国际铁路联运业务。

3. 民营快递企业

我国的大部分民营快递企业经过近十几年的发展，已经逐渐成长并壮大，其中比较知名的企业包括顺丰速运、申通快递、宅急送等。这些企业已完成向全国的扩张，甚至大型的民营快递企业（如顺丰速运）已经开始拓展海外快递业务。但是部分大型民营快递企业由于扩张速度过快，忽视了内涵建设，经营管理和资源建设跟不上其扩张的速度，这直接导致其服务标准低下，长此以往并不利于企业的发展。同时我国目前小型快递企业数量很多，企业规模小，经营灵活但管理相对滞后，网点覆盖率较低，不具有竞争力，未来需要逐步转型。

二、按经营模式分类

快递企业经营方式有两种，一种是加盟式，一种是直营式。

1. 加盟式

一单快递从收件到派件，总共经过三大部分：收件端加盟商、总部干线、派件端加盟商。三个部分之间没有任何股权关系，每单快递从上一环节到下一环节都需要支付运费。国内的加盟模式以"三通一达"最为典型，在这个网络组织模式中，总部是接触不到终端客户的，总部的客户是加盟商。加盟商负责终端市场营销，负责收快递、派快递，他们才是真正对接终端客户。

假设终端寄送一个快递，向消费者收费8元。加盟商收入：8元。加盟商成本：付给快递员1.5元，运到分拨中心运费0.2元，城市内分拨费用0.5元，付给总部面单费0.9~1元，付给总部干线运输费1.5~2元，付给派件端派件费1.5元（总部代收）。加盟商竞争激烈，他们之间的价格战会导致单件收入下降，而这对利润的影响非常明显。从收入结算模式上看，加盟商价格战对总部利润基本没有影响，但一般而言，为了市场份额，总部会对加盟商进行补贴，使其顺利参与价格战。

2. 直营式

作为本土高端快递的代表，顺丰从2002年开始坚持直营化。实际上，在这之前，顺丰也是加盟制模式，但由于加盟商割据严重，王卫强势收权。顺丰的直营化改造，使其大幅提高了服务质量，在高端快递领域基本没有对手，但其盈利能力和业务收入的增速远远不如"三通一达"的总部，我们估计其净利润率及ROE水平均为7%~8%，收入增速目前在25%~30%。

直营式快递企业在从总部到末端的全部快递网络的构建和运营上选择了自建与自营，所以与加盟式企业有着全然不同的成本属性。其一，采用直营式的快递企业需要承担从总部到末端等环节的全部支出和费用，这造成其成本要高于加盟式企业的。其二，直营式下运营管理链条长，这导致采用直营式的企业成本构成复杂，而加盟式快递的营业成本构成则相对简单（主要来源于干线运输成本和面单成本两部分）。其三，在直营式下，整个快递网络维持运转所需要的人力资源大部分也纳入了总部的直接管理中，形成可观的人工支出，这要占总成本很大的比例。直营式与加盟式在运营与成本上的不同特性也导致了两种类型的快递商在价格上的差异。采用直营式的EMS以及顺丰的快递定价要高于采用加盟式的"三通一达"的。

> **行业动态** **中国民营快递新首富诞生：王卫亮相顺丰上市仪式**
>
> 2017年2月24日，借壳上市的顺丰控股今早在深交所举行重组更名暨上市仪式。公司证券简称将由"鼎泰新材"变更为"顺丰控股"。随着深交所的钟被敲响，中国快递物流业龙头老大正式登陆A股市场。根据顺丰控股过去五个交易日平均股价计算，顺丰控股市值

约为2 000亿元，创始人兼董事长王卫身价已经达到1 300亿元，超过圆通实际控制人喻会蛟夫妇，成为民营快递业首富。在今天的上市仪式上，顺丰控股董事长王卫亮相，一身工作装加上黑框眼镜，似乎很难看出他是身家千亿元的顺丰大老板。

王卫表示，顺丰变成公众公司后，自己的言行要更加谨慎："从今天开始，话不能随便说，地方不能随便去。"一如既往地低调。同时，他还提醒顺丰员工要更加谨慎，少说话多做事。王卫强调，顺丰上市后，将不忘初心，坚定发展快递物流行业的决心。

【课后练习1.2】

一、填空题

1. 按照企业性质，快递企业可以分为：_____、_____、_____。
2. 快递企业经营方式有两种：一种是_____，一种是_____。

二、判断题

1. 采用加盟式的快递企业需要承担从总部到末端等环节的全部支出，造成其成本要高于直营式企业的。（ ）
2. 直营式与加盟式在运营与成本上的不同特性也导致了两种类型的快递商在价格上的差异。（ ）

1.3　认识快递行业

学习目标

能力目标：能够分析我国快递行业的现状及发展趋势
知识目标：了解我国快递行业的现状

工作任务

我国快递业务量近年来持续增长，已跃居世界第一。请在网络上搜索整理以下数据，了解我国快递行业的发展近况。

（1）近三年我国快递业务量及增长情况。
（2）快递业务量增长的同时，快递行业面临哪些新问题？
（3）谈谈你对"快递"这个行业的认识。

核心知识

一、中国快递服务的发展历程

20世纪70年代末至90年代初：起步阶段

1979年6月，中国对外贸易运输公司成为中国第一个经营快递服务的企业，随后DHL、TNT、FedEx及UPS等纷纷与其签订协议，开展国际快递业务。1980年7月15日，中国邮政与新加坡邮政部门合建全球邮政特快专递。1984年，中国邮政又开办国内特快专递业务。

1985年成立中国邮政速递服务公司，专门经营国际、国内速递业务。

20世纪90年代初至21世纪初：成长阶段

1992年，邓小平视察南方发表重要谈话，中国改革开放注入新的活力，从而带动了珠三角、长三角地区的经济发展，在此背景下，申通等民营快递企业崛起。同时，民航、中铁等其他非邮政国有企业也开始成立了自己的快递服务公司。国际快递企业也加大了在华投资和网络建设的力度，快递业务量剧增。

21世纪至今：快速发展阶段

EMS、民航快递、中外运、中铁快运等国有快递企业加大发展力度。顺丰、申通、天天、圆通等民营快递快速扩张，逐步走向正轨。国际快递企业逐步摆脱合资模式，向国内快递市场扩张。图1.3.1所示为2012—2015年中国快递行业增长情况。

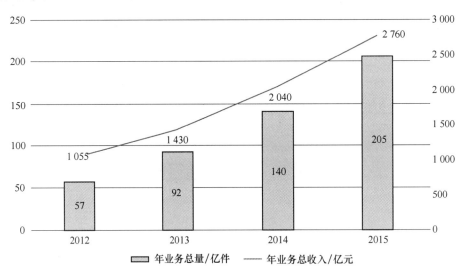

图1.3.1 2012—2015年中国快递行业增长情况

2016年，全国快递服务企业业务量累计完成312.8亿件，同比增长51.4%，近六年来，全国快递服务企业几乎每年的业务量增速都在50%左右，其中2013年增速更是高达61.6%。312.8亿的包裹数量意味着每个中国人平均一年有23个包裹，这一数字也足以让中国快递业稳居世界第一。

二、快递行业面临的问题

当然，一个行业的快速发展必然带来一些现实的问题。当前我国快递行业存在的主要问题如图1.3.2所示。

三、快递行业新趋势

（1）快递业市场空间会随着电子商务的高速发展而继续快速扩展。

（2）行业整合加剧。

（3）行业价格战持续。

（4）行业竞争焦点从价格转向服务。

（5）快递企业开始着重打造各自的差异化服务产品。

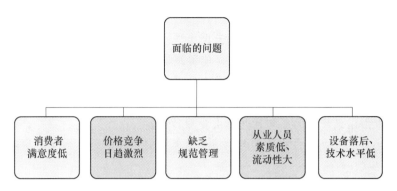

图 1.3.2　当前我国快递行业存在的主要问题

(6)"最后一百米"进一步多样化。

(7)行业整体的系统化建设进一步加强。这提升了全行业的效率,也降低了成本。

(8)行业专业人才供需矛盾突出。这依然会成为各家企业的发展瓶颈。

> 行业动态

马云：快递是中国 10 年来最大的奇迹

2016 年 6 月 13 日晚间,阿里巴巴集团董事局主席马云在杭州举行的全球智慧物流峰会上发表主题演讲,不断对中国快递业提出赞扬。总的来说,本次演讲分为以下三点:

一、快递是中国 10 年来最大的奇迹

马云认为,中国快递用 10 年时间,将一个还不能称为行业的行业,做成了一个超过了美国近一百年积累的行业,这是非常了不起的。

"我刚刚看到,我们的快递公司居然帮客户送房子,还有人送电线杆,我发现我们中国有 600 多个区县实现了当日达或者次日达……在全世界很少有一个国家,能够在短短的十年时间,几乎实现到处都可以送到。"他在现场特别向物流从业者表达感谢:"你们是我心中很大的英雄。"

二、未来物流：送到外星、消灭库存

关于未来,马云提到,智慧物流是走出经济困境和全球化的最重要的关键点。在他看来,今天的物流快递行业十年以后可能会发生天翻地覆的变化。"过去的十年,我们的快递界展示了创业的能力、人的力量、创新的力量,未来我们要迅速重视技术的力量、数据的力量、整合的力量、共享的力量。"

"今天我们把物流简简单单地看成了快递行业,或者把快递行业称为物流。其实人类走上月球,正在探索的火星、卫星上天等,这都是物流行业,我们要打开脑袋去思考,物流行业不仅是今天要把货从这个城市送到那个城市,也包括未来也许会把人送到外星球,把物资送到月亮上,这都是物流行业未来的发展。"马云通过此次峰会向物流行业分享他的思考,"不要简简单单地把物流行业看作货通天下,我个人认为,物流行业必须参与到整个生产、经济的转型升级,必须做到消灭库存。"

现在中国乃至全世界做得好的服装企业,大概有 50% 是库存。库存成了很多企业走不出的瓶颈。而库存量的过大,跟物流行业的不发达有巨大的关系。

三、货通天下要实现连接全球

货通天下是指天下,不是指货通中国。对于未来五年到十年,马云认为那时的货通天下

将要覆盖"一带一路"沿线国家,要设计到欧洲、到非洲、到南美的路线。对于已经成立三年的大数据物流平台公司菜鸟网络,马云再次提出希望,希望菜鸟网络能够连接任何一家物流公司、快递公司和仓库,让世界这张网能够连通起来,这样世界才会变得更加有效。他同时认为,今天中国物流的标准很有可能成为世界未来物流的标准。

请观看马云的演讲视频,或者阅读演讲全文,思考并讨论以下问题:

(1) 演讲中你印象最深的一句话是什么?为什么?

(2) 马云认为未来快递的发展方向和前景是怎样的?你是否认同他的观点,为什么?

【课后练习1.3】

一、填空题

1. 中国快递行业的发展历程包括:20世纪70年代末到90年代初的_____阶段、20世纪90年代初到21世纪初的_____阶段、21世纪至今的_____阶段。

2. 2016年,全国快递服务企业业务量累计完成_____件,这个包裹数量意味着每个中国人平均一年有_____个包裹,这一数字也足以让中国快递业稳居_____。

二、简答题

当前我国快递行业面临的主要问题有哪些?选取其中一个问题,谈谈你的看法。

模块二

快递基础知识

内容提要

2.1 快递基本概念和业务分类
2.2 快递基本流程
2.3 快递网络与网点

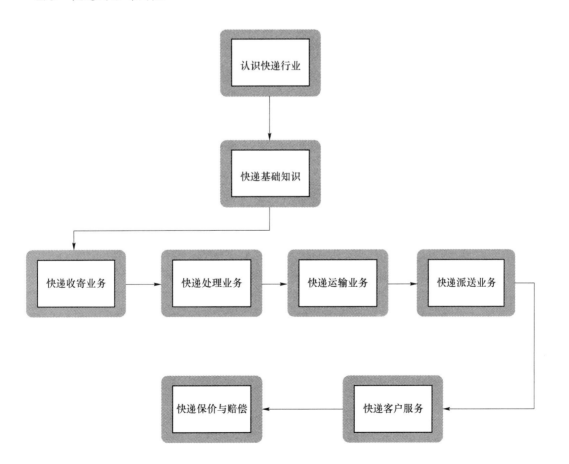

2.1 快递的基本概念和业务分类

学习目标

能力目标：能够区分快递与货运、快递与物流、快递与邮政业务；能够根据客户需求，选择合适的快递业务类型。

知识目标：掌握并理解快递的定义；理解快递与物流、邮政、普通运输的关系；了解快递的服务对象；掌握快递业务的分类方法。

工作任务

不同的寄件人寄送的物品不同，对于送达时效、服务等也会有不同的需求，你能根据具体情况为客户推荐合适的快递业务类型吗？

（1）小李在淘宝上买了一件 50 元左右的衣服，淘宝卖家和小李所在地不在同一个省，卖家选择了申通快递。小李想咨询几天可以收到货物。

（2）小王要将特效药寄给正在生病的姑姑，要求越快越好。请推荐合适的快递业务类型。

（3）小张有台高价值的数码单反相机，要寄给外省的同学，请推荐合适的快递业务。

（4）淘宝上某智能手机经销商，由于其所售手机单价较高，买家付款都很谨慎，而且犹豫不决，因此手机销量一直不好。请推荐一种快递的增值服务，既能让买家消除顾虑，又能提升经销商的手机销量。

（5）每年 7 月，陈老师要给外地学生寄毕业证。在此过程中，不仅运单填写烦琐，还要搭上不少快递费。请推荐一种快递服务，让陈老师省心、省钱。

请仔细阅读以上五个情景，分析客户的需求，在掌握快递业务基本分类的基础上，回答客户的问题，或为客户推荐最合适的快递业务类型，并将理由填写在表 2.1.1 中。

表 2.1.1 快递业务类型选择

客户	选择的业务类型	选择的理由
1		
2		
3		
4		
5		

核心知识

一、快递的概念

1. WTO 贸易分类表中的定义

世界贸易组织在《服务贸易总协定》中按照联合国集中产品分类系统，将服务（产品）

分类定位为 12 个部门。其中快递服务被定义为："除国家邮政当局提供的服务外，由非邮政快递公司利用一种或多种运输方式提供的服务，包括提取、运输和递送信函和大小包裹的服务，无论目的地在国内或国外。这些服务可利用自有或公共运输工具来提供。"

2. 我国邮政行业《快递服务》国家标准中的定义

快递服务（Express Service）是指快速收寄、运输、投递单独封装的、有地址的快件。即快递服务企业依法收寄并封装完好的信件和包裹的统称。它是在向寄件人承诺的时限内将快件或其他不需要储存的物品送到指定地点，递交给收件人，并获得签收的服务形式。

3. 国内专家的定义

快递，又名"速递"，是指快速收寄、运输、投递单独封装的、有名址的快件或其他不需储存的物品，按承诺时限递送到收件人或指定地点，并获得签收的寄递服务。故快递又称速递。快递服务属于邮政业。快件包括快递服务组织依法收寄并封装完好的信件和包裹等寄递物品。

综上所述，我们将快递定义为：快递企业收取寄件人托运的快件后，按照寄件人要求的时间，以最快的速度将其运到指定地，递交指定的收件人；掌握运输、派送过程的全部情况，并能向有关人员提供即时信息查询的门到门服务。

快递的本质是"快"字，快速是快递服务的灵魂，提供门到门、桌到桌的便捷服务。快递网络完善高效、覆盖合理、全程监控、实时查询，要求快件单独封装、具有名址、具有重量和尺寸限制，并实行差别定价和付费结算的方式。

【问题讨论】
快递和普通货物运输业务有什么区别？

二、快递业务的分类

快递业务根据不同的分类依据，可以划分为许多不同的业务类型。

（1）按内件分为：信件类快件、包裹类快件。

（2）按快件到达范围分为：同城快递、国内异地快递、国际快递。

（3）按服务时限可分为：

标准服务快件：同城不超过 24 小时，异地不超过 72 小时。

承诺服务时限快件：当日达、次晨达、次日达、隔日达。

特殊要求时限快件：在服务时限承诺标准之外的客户的个性化寄递服务。

（4）按赔偿责任可分为：

保价快件：寄递快件时客户除交纳运费外，还按照声明价值的费率交纳保价费，当快件寄送途中发生意外时，向快递公司索赔。

保险快件：客户除交纳运费外，还向快递企业指定的保险公司投保。快件发生意外时，向保险公司索赔。

普通快件：《中华人民共和国邮政法》及其实施细则规定：对没有保价的普通类包裹邮件按照实际损失价值进行赔偿，最高额度不超过本次邮寄费的 5 倍（快递企业一般按此办理）。

（5）按业务方式可分为：

基本业务：收寄、分拣、封发、运输、派送等服务。

增值业务：如代收货款等。表2.1.2所示为几种常见的快递增值服务。

表2.1.2 几种常见的快递增值服务

名称	服务内容
代签回单	收派员将带有回单业务的快件派送给客户时，除了需要将正常的"收件公司存根联"交给收件客户签收外，还需要将回单交给"回单运单备注"指定的客户签收或盖章，并将与客户随货的回单返还给寄件客户
快件箱业务	这是为寄递高价值快件的客户提供的一种个性化服务，使用专用快件箱进行收寄，单票货物价值不高于10 000元，运费一般为普通快件运费的3倍
代收货款	接受寄件人的委托，派送货物的同时向收货人收取货款并返还寄件人
异地调货	快递公司可以为客户提供当地委托服务，从第二地提货准时派送到第三地
等通知派送	寄件客户在寄件时，向快递公司收派员明确快件到达派件分点部后，暂时做滞留件处理，待其向收件地区的客服部传真指定的派送通知函后，安排派送员第一时间进行派件

（6）按付费方式分为：寄件人付费快件、收件人付费快件、第三方付费快件。

（7）按结算方式可分为：

现结快件：费用当面付清。

记账快件：快递公司与客户达成协议，在约定付款时间或周期内向快递公司拨付资费。

案例链接　　**快递代收货款猫腻多　选择快递需谨慎**

由快递公司代收货款引发的乱象层出不穷。快递加盟商往往在经营困境时携货款玩失踪；快递公司挪用代收货款，不向货主交款；还有一些快递公司先向商家支付货款，将货物送到购买者那儿时才发现是假货，或者是迟迟收不到货；还有一些假冒快递公司，利用快递代收货款骗取钱财。

近日，市民刘小姐就遇到这样一件窝心的事。刘小姐在某同城网站上看中一台iPhone 4S手机，标价只有2 680元，还支持分期付款。于是刘小姐便通过QQ与卖家联系交易事宜，定好首付780元，每月还款152元。卖家告诉刘小姐，公司在深圳，无法与刘小姐当面进行交易，需委托第三方快递公司做担保人，通过代收货款的方式进行交易。刘小姐虽然也听说过快递代收，不过之前都是下单时直接选择货到付款，在收到货后才当面交钱，而卖家让她先把首付款打给快递公司的情况她还是第一次碰到。卖家解释，分期付款的商品都是这种担保交易模式，签约的快递公司在各地区工商局都有备案可查，首付款是交给快递公司作为担保金的。

于是刘小姐就向卖家的卡号汇去800元后联系对方发货，对方却称因付款金额与订单金额不符，所以财务无法登记进账，要求她重新正确支付订单上的780元后才能发货，并将之前的800元退还给她。于是刘小姐又汇去了780元，卖家又让她先付1 100元押金。一心想拿货的刘小姐再次掉入对方的圈套，前后三次付款2 680元的她，却连个手机的影子都没见到，再跟快递公司交涉发货时，对方又找了个借口让她继续汇款，这时刘小姐才惊觉自己被骗。

正规快递代收货款的流程是：消费者货到付款，快递业务员收取货款后汇集到营业网点汇总，之后向总公司交付，接着总公司将代收的货款转给商家；若为分期付款，则到货记账，月末结账，再缴清上期的货款。如果消费者对代收货款的流程不太熟悉，就可能会让不法分子钻空子。广大的消费者在网购选择"快递代收"付款模式时，应认准正规可靠的快递公司官网，收到货物先验货再付款，切勿轻信先行付款的"快递代收"骗局。

（http://news.chinawutong.com/xwkx/yzhkd/201307/33122.html）

【课后练习2.1】

一、填空题

1. 快递定义：_____收取_____托运的快件后，按照寄件人要求的时间，以最快的速度将其运到指定地，递交指定的_____；掌握运输、派送过程的全部情况，并能向有关人员提供即时信息查询的_____服务。
2. 标准服务快件：同城不超过_____小时，异地不超过_____小时。
3. 快递业务按赔偿责任可分为：_____、_____、_____。

二、判断题

1. 特殊要求时限快件是指在服务时限承诺标准之外的客户的个性化寄递服务。（　　）
2. 现结快件是指快递公司与客户达成协议，在约定付款时间或周期内向快递公司拨付资费。（　　）

三、简答题

用自己的语言解释快递增值服务中的"代收货款"业务。

2.2　快递的基本流程

学习目标

能力目标：能够说明一票快递业务的基本流程

知识目标：掌握快递企业的基本作业流程

工作任务

在确定了客户的业务类型后，快递公司就要开始一票快递业务的操作了，那么具体流程是怎样的呢？以2.1工作任务中第一个客户小李为例，他在淘宝上以50元左右的价格购买了一件服装（图2.2.1）。淘宝卖家包邮，委托申通快递公司负责将服装从广州运往青岛小李的住址。（根据申通的区域划分，广州和青岛间属于跨区域快递，需要经过无锡转运中心中转）。请为此票业务设计基本流程，并绘制出流程图。

图 2.2.1　小李在淘宝上买的服装

核心知识

一、快递业务一般流程

在始发站点，接到客户的发件信息后，会通过电话或手持终端给递送员发出接件指令。递送员到客户处收好件，请客户填好面单后，应及时回网点进行快件交接。网点业务员对当天收集的快件进行检查分拣，然后安排装车，同时在网上发出预报运单录入信息。

有时由于路途较远，需要分拨中心进行中转。一般先接收预报，然后进行提货交接，对快件进行分拣，按目的地进行集货装车，发往下一站。

在派件网点，业务员接到分拨中心的预报后，安排货车进站，按操作规定卸下属于本网点派送的快件。根据具体目的地进行分拣后，交接给网点递送员，进行派送。派件结束后，递送员应及时将派件信息通过手持终端或者扫描仪上传，整个快件业务流程结束，如图 2.2.2 所示。

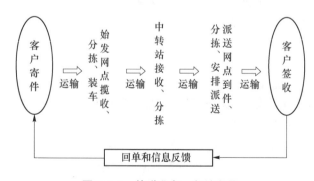

图 2.2.2　快递业务一般流程图

二、快递业务流程基本环节

从以上快递业务的一般流程图中,我们可以分析出快递业务流程的四大基本环节,即快件收寄、快件处理、快件运输和快件派送,如图 2.2.3 所示。

快件收寄:流程的首要环节,快递企业在获得订单后完成从客户处收取快件和收寄信息的过程。

快件处理:包括快件接收、分拣、封发三个主要环节,是流程中贯通上下环节的枢纽。

快件运输:在统一组织、调度和指挥下,综合利用各种运输工具,将快件迅速有效地运达目的地的过程。

快件派送:业务员按运单信息,上门将快件递交收件人并获得签收信息的过程,是最后环节。

图 2.2.3　快递业务流程的四大基本环节

拓展阅读

快递员的一天

简单地说,快递员的工作可以概括为分拣、揽收、转运、信息录入、市场开发和疑难件处理等主要事项。但是快递员一天的工作是紧张和艰苦的。

1. 分拣快递

公司开完例会,员工开始着手分拣由上一级中转站转运过来的快递,并做信息录入,此时客户即可通过网络查询到"快递正在由×××派送中"。

2. 着手派件 + 收快递

对于老手而言,在分拣快递的过程中就能清楚地知道接下来的派发路线。在派发之前就规划好行动路线,对于快递员提高派发效率意义重大。派件过程中会遇到很多情况,包括打电话人不在,要人代收,无人接电话等。对于没能派送成功的件,要送回公司待处理。

3. 午饭休息

一般到了中午时间,不管你有没有派送完快递,建议都要停下来让自己吃顿午饭。如果因为客户催得紧,就需要先抓紧时间解决着急的事情,然后再安心吃午饭。稍作休息,出发继续派发快递和收件。

4. 信息录入

快递派发完后就赶紧到公司,使用扫描工具将前一时段派发出去的签单扫描录入信息,这个时候客户就可以通过网络查询到"快递已经签收"的信息。一般公司都会规定在下午分拣下一次快件前要完成信息扫描,否则会罚款。另外还需要将上午收到的快递打包并作信息扫描,等待转运车辆运走。

5. 分拣快递

到了下午三四点钟，公司转运车辆就会将下午需要派送的快递运过来，和上午一样，做好快递分拣后就开始着手派发快递。

6. 着手派件 + 收快递

下午的任务会比较重，分拣好快递后就要抓紧时间派件。因为人们习惯于下午发货，所以，这个时间段发货的客户会集中出现，如果不能及时地将快递派发出去，就会形成积压，影响一天的收入和工作进程。

7. 回公司打卡下班

很多快递员在晚上八九点钟下班，原因是下午需要收许多快递。

（http：//jingyan.baidu.com/article/b2c186c8d9506dc46ef6ff07.html）

【课后练习2.2】

一、填空题

1. 从快递业务的一般流程图中，我们可以分析出快递业务流程的四大基本环节，即_____、_____、_____和_____。
2. 快件处理：包括快件_____、_____、_____三个主要环节，是流程中贯通上下环节的枢纽。

二、判断题

1. 快件运输：在统一组织、调度和指挥下，综合利用各种运输工具，将快件迅速有效地运达目的地的过程。（　　）
2. 快件派送：业务员按运单信息，上门将快件递交收件人并获得签收信息的过程，是流程的首要环节。（　　）

三、简答题

请用自己的语言，描述一票上门取件的国内异地快递业务的操作流程。

2.3 快递的网络与网点

学习目标

能力目标：能够进行快递企业的网点选址；能够运用重心法进行快递网点选址；能够根据网点配置进行收派人员区域分配与调度

知识目标：了解快递企业的业务网络；了解快递网点的定义和分类；掌握快递网点的建立条件和选址标准

工作任务

A是位于杭州城西与余杭交界处一个新建的小区，周边已建有十多个楼盘，已经有近十万户居民入住。现在该地区快递公司还没有开设网点，请问在这里开设网点是否合适？新网点在选址时要考虑哪些因素？

核心知识

一、快递运营网络

1. 快递网络的定义

快递网络是若干个呼叫中心（客户服务中心）、面向客户服务的网点、负责快件集散的网点以及连通这些网点的网络，按照一定的原则和方式组织起来的，在控制系统的作用下，遵循一定的运行规则传递快件的网络系统。快递网络是一个统一的整体，各部分紧密衔接，依靠全网的整体功能，完成快件递送的任务。

2. 快递网络的构成

快递网络包括以下四个基本要素。

（1）呼叫中心。

呼叫中心也称"客户服务中心"，是快递企业普遍使用的，旨在提高工作效率的应用系统。它主要通过电话、网络系统受理客户委托、帮助客户查询快件信息、回答客户有关询问、受理客户投诉等业务工作。

（2）面向客户服务的网点。

面向客户服务的网点通常称为业务网点。每个业务网点均有其特定的服务范围，即在指定的服务范围内，所有客户的收件、派件都将由此网点完成。此外，还需按时段将网点所收取的快件送至中转场参加中转，同时将本服务范围内的派件从中转场带回。每个网点根据所在服务范围的面积、客户数量、业务量来配备数量不等的收派员。一般依据当地人口密度、居民生活水准、整体经济社会发展水平、交通运输资源状况以及公司发展战略等因素来综合考虑，本着因地制宜的原则，科学、合理地设置业务网点。从我国快递企业目前设置情况来看，城市网点多于农村、东部地区多于西部地区、经济发达地区多于经济欠发达地区。收派集散点是快件传递网络的末梢，担负着直接为客户服务的功能。

随着快递服务企业的快速发展，快递企业业务网点的硬件设施科技含量日益提高，服务质量和效率得到进一步提升，服务功能也朝着日益多样化、综合化和个性化的方向发展。

（3）负责快件集散的网点。

负责快件集散的网点我们通常称为中转场、集散中心或分拨中心，是快件传递网络的节点，主要负责快件的分拣、封发、中转任务。一个中转场下辖若干个网点，中转场负责区域内所有网点的快件集散，也就是将区域内所有网点所收取的快件集中在一起，并按目的地分类汇总，然后通过飞机或汽车转发至其他相应的中转场；同时，其他各地发往本区域的快件，由当地相应的中转场发送至此，再由本中转场按各网点分类汇总，继而转发往各个网点。集散网点的企业根据自身业务范围及快件流量来设置不同层级的处理中心，并确定其功能。在我国，一般全国性企业设置三个层次的快件处理中心，区域性企业设置两个层次，同城企业设置一个层次。

以全国性企业为例，第一层次是大区或省际中心。第二层次是区域或省内中心。第三层次是同城或市内中心。

集散中心的设置方式和位置，对快件的分拣、封发和交运等业务处理和组织形式，以及快件的传递速度和质量起着决定性作用。随着快递技术含量的上升和快递业务量的增加，快件集散中心的处理方式也在由手工操作向半机械化和自动化处理方式过渡。

(4) 运输网络。

连接中转场与中转场之间的网络称为一级网络,一般是航线或是公路干线。所谓航线是指公司自己的飞机、包机或包腹舱,或租仓位来实现快件在两地之间的传递,所谓公路干线是指由专门的货车在两中转场间来回对开、往返送件。若两中转场间没有匹配的航线,或快件流量较小,还不足以开通公路干线,则会采取外包的形式将快件打包交予货代公司。

连接中转场与网点之间的网络称为二级网络,也称为支线网络。由于网点与中转场间的快件流量有限,在实际操作中一般使用面包车、金杯车等小型车辆来传递快件。

图 2.3.1 所示为快递网络构成。

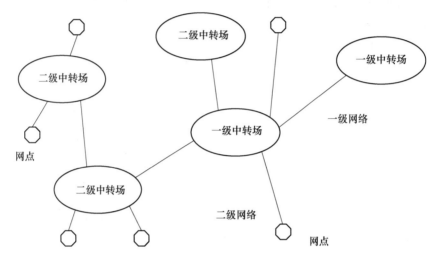

图 2.3.1　快递网络构成

二、快递网点

1. 快递网点的概念和分类

快递网点:是指快递公司在单个城市中最小、最基本的操作单位。同时兼备财务结算、营销、质量控制等功能。

直营网点:是指企业自行投资建设的网点,主要负责某一片区快件的收取、暂存业务以及基础信息录入和收派人员管理。

加盟网点:是指具备独立法人资格的快递公司或具备快件取、派能力的个人,以契约的形式取得大型快递企业某一片区的代理资格,负责该片区的快件收派工作所设置的网点。

代收网点:是指在指定区域内以该企业名义受理快件业务的网点,一般是快递企业与酒店、宾馆、超市等组织合作的网点。代收点的业务范围包括:提供受理咨询、代收快件、代收运费、品牌推广和维护服务。

2. 快递网点的选址影响因素

网点承担着客户服务、操作运营和市场开发三大职能,它既是客户服务的密切接触点,又是市场营销的前沿。为了能全面掌握市场,网点势必分布较为广泛;另外,为了在尽可能短的时间内(或在承诺时间内)为客户服务,网点势必分布得较为密集。但出于成本与利润的考虑,网点建设不能随意盲目,网点布局对于快递企业来说举足轻重。

选址的原则是：最大限度地提高操作效率，最大限度地降低操作成本。快递站点选址应考虑以下因素。图 2.3.2 列出了一部分。

地理位置：递送员在路上的行驶时间实际上是只耗费成本（车辆运输成本、车辆里程折旧、人员工资成本），不产生效益的劳动时间。因此，理想的地理位置是位于覆盖服务区域的中心位置，在此位置，从站点到客户处的路程更短，耗费时间更少，递送员可以用更多的工作时间去取件和派件，而不是将其浪费在路上。当然，在大客户集中的地带（快件主要产出地），可以根据件量的数量设置专人或临时站点，目的是方便递送员的取派作业，提高整个快件流转过程的时效。

交通便利性：在选址前，最好驾驶机动车和非机动车对该物业附近高峰时段的交通情况做一个全面的了解。需要了解的内容主要有：往返集散中心是否快捷、所选站点周边的交通是否便利、是否存在扰民情况等。当然，在寸土寸金的城市里，很难选到十全十美的物业，很多快递企业的站点（尤其是在市区内的）周围都会存在一些拥堵现象。在租赁前，最好详细了解附近道路的主要拥堵时段，看其是否与站内转运车辆的主要进出时间一致，如果冲突，建议重新选址。如果用量化指标来选址，那就是在考虑交通拥堵的情况下，覆盖范围的半径距离不超过半小时车程。

停车便利性：所选站点门口最好能有多个停车位，在门前倒车、掉头也有充足的空间。

相关风险：相关风险包括以下几项。① 拆迁。② 租赁物业手续的合法性。③ 租赁期限的稳定性。

房屋结构：操作间的高度最好超过 4.5m，操作区便于车辆进出，操作间内廊柱越少越好，库区最好是长方形，租赁场地应该为将来的业务发展预留拓展空间。

基本配套设施：上下水、电力、电话、宽带网络、消防设备等基本配套齐全；无线通信设备（扫描枪、手机等）在该物业内的信号良好。

治安环境：站点内经常有高价值快件滞留，操作区也会停放车辆及电脑等办公设备。因此，物业的治安环境也是至关重要的，尽量不要选择太偏僻或周围没有其他建筑物的物业。

性价比：性价比是选择物业最重要的因素之一。在评估性价比时，除了房租以外，还需要计算车辆在途中的时间成本与油耗成本，并按照租赁年限计算总的时间和油耗成本，把该成本与房租成本相加后综合评估。

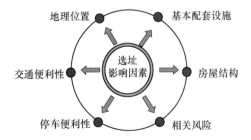

图 2.3.2 快递站点选址的部分影响因素

能力拓展

重心法选址

常用于辅助选址决策的定量方法是重心法选址。我们也可以利用重心法进行快递网点的选址。重心法是一种模拟的方法。这种方法将物流系统中的需求点和资源点看成是分布在某一平面范围内的物体系统,将各点的需求量和资源量分别看成是物体的重量。物体系统的重心是物流网点的最佳设置点,我们可以利用求物体系统重心的方法来确定物流网点的位置。基于需求量的重心计算法步骤:

1. 将某一经济区域内各个快递服务需求点的位置在坐标图中标出。如果将该图看作一个物理系统,则可将各个需求点的快递服务需求量看作物体的重量,通过求该物理系统的重心来确定营业网点的最佳落点(坐标),如图2.3.3所示。

2. 设有 n 个需求客户,它们的坐标为 (x_i, y_i),需求量为 w_i,服务费率为 A_i。系统重心 (x_0, y_0) 可由公式计算。

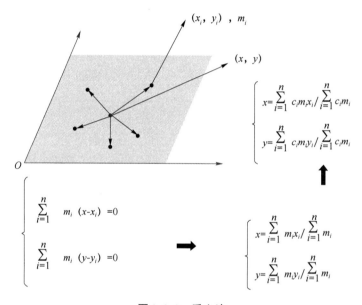

图2.3.3　重心法

重心法的最大特点是计算方法较简单,但这种方法并不能求出精确的最佳网点位置,因为这一方法将纵向和横向的距离视为互相独立的量,与实际是不相符的,其结果往往在现实环境中不能实现,因此只能作为一种参考。

微分法是为了克服重心法的上述缺点而提出来的,但它要利用重心法的结果作为初始解,并通过迭代获得精确解。微分法虽能求得精确最优解,但用这种方法所得到的精确解在现实生活中往往是难以实现的。由于受一些因素的影响,决策者有时不得不放弃这一最优解的位置,而去选择现实中可行的满意方案。

练一练

某快递企业需要新增一个营业网点,营业网点到附近客户需求点的服务费率、一定时期内客户需求快递件量和需求点坐标信息如表2.3.1所示。试利用重心法求营业网点的最佳位置坐标 (x_0, y_0)。要求:在Excel中体现计算过程,求得初始坐标后,迭代一次,得到修正坐标,并比较两个坐标下的总运费,说明是否需要再次迭代。

表 2.3.1 重心法选址资料

需求客户	客户需求快递件量 w_i 单位/件	营业网点到需求点的服务费率 A_i 单位/（元·件$^{-1}$）	需求点坐标 x_i	y_i
1	2 000	10	4	2
2	3 000	15	10	3
3	2 500	12	7	8
4	1 000	10	4	9

【课后练习2.3】

一、填空题

1. 快递网络是若干个_____、面向客户服务的网点、_____以及连通这些网点的_____，按照一定的原则和方式组织起来的，在控制系统的作用下，遵循一定的运行规则传递_____的网络系统。

2. 快递企业的呼叫中心也称"客户服务中心"，主要业务是通过电话、网络系统负责受理_____、帮助客户_____、回答客户有关询问、受理客户_____等业务工作。

3. 网点承担着_____、_____和_____三大职能，它既是客户服务的密切接触点，又是市场营销的前沿。

4. 常用于辅助选址决策的定量方法是_____。

二、判断题

1. 收派集散点是快件传递网络的末梢，担负着直接为客户服务的功能。　　　（　　）

2. 如果用量化指标来选址，就是在考虑交通拥堵的情况下，覆盖范围的半径距离不超过半小时车程。　　　　　　　　　　　　　　　　　　　　　　　　　　　　　　（　　）

模块三

快递收寄业务

内容提要

3.1 收寄基本知识
3.2 识别禁限运品
3.3 快件包装
3.4 快递费用计算
3.5 填写并粘贴运单

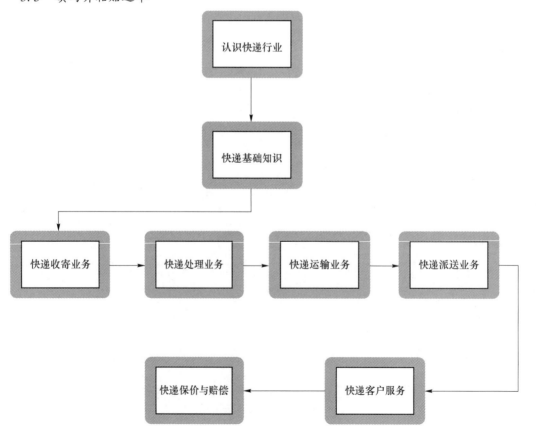

3.1 收寄基本知识

学习目标

能力目标：熟知快件收寄操作的基本要求

知识目标：了解快件收寄的几种不同方式，掌握收寄的基本流程

工作任务

JX 速运公司某日接受如下客户的发件要求，首先需要进行快件收寄操作。请在了解快件收寄业务基本要求的基础上，写出快递公司收寄作业的基本流程。

（1）客户资料如表 3.1.1 所示。

表 3.3.1　客户资料

公司名称	地址	联系人	联系电话
寄件公司			
Ⅰ	北京市朝阳区建国路 112 号	赵先生	010 – 12345678
Ⅱ	上海市徐汇区漕溪北路 45 号	钱先生	021 – 12345678
Ⅲ	成都市锦江区红星路 2 段 70 号	孙先生	028 – 12345678
Ⅳ	天津市和平区南京路 358 号	李先生	022 – 12345678
Ⅴ	厦门市思明区鼓浪屿岛鸡山路 31 号	周先生	0592 – 12345678
国内收件公司			
A	深圳市福田区福华三路 88 号	吴先生	0755 – 12345678
B	深圳市龙岗区南澳镇人民路 33 号	郑先生	0755 – 12312312
C	深圳市福田区益田路 3013 号	王先生	0755 – 23423423
D	深圳市南山区高新南一道 9 号	冯先生	0755 – 98765432
E	深圳市龙岗区大鹏镇市场街 5 号	陈先生	0755 – 45645645
F	深圳市南山区艺园路 139 号	褚先生	0755 – 78978978
国际收件公司			
1	One Microsoft Way Redmond, WA 98052 – 6399 USA	蒋先生	800 – 624 – 7676
2	香港油尖旺区觉士道 9 号嘉文花园第一座　1003 室	沈先生	00852 – 35144111
3	GSP – 1, Lenin Hills 119991, Moscow, Russia	韩先生	007 – 495 – 9366863
4	Shinagawa – ku, Kita 6 – 7 – 35, Tokyo, Japan	杨先生	400 – 810 – 9000

续表

公司名称	地址	联系人	联系电话
5	Level 1, 48 Martin Place, New South Wales 2000, Sydney, Australia	朱先生	+61 2 9762 0920
6	台湾新北市土城区工业区自由街2号	秦先生	886-2-22683466

(2) 资费资料。

各地寄往深圳的资费表（表3.1.2）：

表3.1.2 各地寄往深圳的资费表

寄件地	起重1 000g/元		续重1 000g及其零数/元
	文件	物品	
北京	25	8	3
上海	25	10	6
成都	25	12	10
天津	25	12	8
厦门	25	8	4

国际资费表（表3.1.3）：

表3.1.3 国际资费表

国际及中国港澳台邮件通达国家或地区	起重500g/元		续重500g及其零数/元
	文件	物品	
中国香港、中国澳门、中国台湾	90	150	40
日本	115	180	40
澳大利亚	160	210	55
美国	180	240	75
俄罗斯	380	455	120

(3) 发件资料（表3.1.4~表3.1.6）。

表3.1.4 发件资料1

第一工作组					
项目	Ⅰ	Ⅱ	Ⅲ	Ⅳ	Ⅴ
A			文件3kg		
C					包裹4.6kg 保价2 500元

续表

第一工作组					
项目	I	II	III	IV	V
1	松鼠标本、油菜种子 6kg		☆硬盘（总价值3万元）30个，每个0.5kg		
2		文件1kg 即日达			

表 3.1.5　发件资料 2

第二工作组					
项目	I	II	III	IV	V
B				易碎品2.8kg	
F					包裹30kg
3	文件2.5kg		银制饰品50kg 保价2 000元		
4		☆包裹（航空件）60cm×40cm×30cm 5kg			

表 3.1.6　发件资料 3

第三工作组					
项目	I	II	III	IV	V
D					文件0.5kg
E	包裹3.9kg				
5		红木家具150kg 保价10万元	包裹15.5kg		
6				☆易碎品3kg 保价5 000元	

核心知识

　　快件收寄，是快递流程的首要环节，是指快递企业在获得订单后由快递业务员上门服务，完成从客户处收取快件和收寄信息的过程。其任务主要包括：验视快件、指导客户填写运单、包装快件、计费称重、运回快件和交件交单等。

一、几种不同的收寄方式

1. 上门收寄

上门收寄是指快递业务员到客户家里或办公地点收取快件，并询问、验视、封装、填写单据和收取费用的过程。

2. 网点收寄

网点收寄是指客户到公司营业场所寄发快件，由快递服务人员进行询问、验视、封装、填写单据和收取费用的过程。

3. 大客户收件

大客户是指与本公司签订合作协议且每天发件数量达到一定标准的客户，其显著特征为合作次数较多、服务方式特定和服务要求高等。具体来说，有以下方面的特点：大客户是与快递企业签订合作协议的公司或个人，通常就付款事宜、快递价格、服务要求等方面签订合作协议；大客户快递业务量较多，合作次数较多；大客户的快件具有较固定的特点，通常由快递企业为其制定特定的服务方式；大客户要求服务及时、周到、全面，并且保证质量。

二、收寄业务的基本要求

1. 收寄时间

快递服务组织应在承诺的时限内提供收寄服务。

2. 人员着装

负责收寄的快递服务人员应统一穿着具有组织标识的服装，并佩戴工号牌或胸卡。

3. 询问与验视

快递人员应询问和验视内件的性质和种类；若是法律、法规规定的禁寄物品，应拒收并向寄件人说明原因；若是限寄物品，应告知寄件人处理方法及附加费用；向寄件人建议贵重物品宜购买保价或保险服务；寄件人应将交递快件的性质和种类告知快递服务人员。

4. 封装

快件的封装形式有快递服务人员封装和寄件人自行封装两种。

封装时应防止快件出现以下情况：变形，破裂；伤害顾客、快递服务人员或其他人；污染或损毁其他快件。

5. 重量与规格

通用标准：① 单件质量不超过50kg；② 包装规格任何一边的长度不超过150cm，长、宽、高三边长度之和不超过300cm。

各公司规定：快递包裹每件的重量限度以40kg为限；最大体积以能够装入二号邮袋为标准，最小尺寸同国内普通包裹。内件为脆弱易碎、流质易溶物品的快递包裹最大重量限度以10kg为限（中国邮政收寄规格）。快递包裹每件最高限重30kg，每件长度不超过1.5m，长度和长度以外最大横周合计不超过3m（中速快件的收寄规格）。

6. 费用与单据

快递服务人员应告知寄件人服务费用。快递服务人员应指导寄件人按照相关要求填写快递运单。寄件人支付费用时，快递服务人员应将与服务费同等金额的发票交给寄件人。快递运单为服务格式合同；快递运单的格式条款应符合法律规定，体现公平、公正的原则；快递运单的文字表述应真实、简洁、易懂。

三、收寄作业流程（以上门收寄为例）

快件收寄作业的基本流程如图 3.1.1 所示。以上门收寄为例，收件员获取收件任务之后，首先要做好收件准备，包括检查交通工具和通信工具，带齐收件所需的物品和工具，提前与客户联系等。到达客户所在地后，首先对客户需寄快件进行验视核查，包括检查内件的尺寸是否符合公司收寄的规定，以及是否属于禁止寄递或限制寄递的物品。如果验视核查通过，属于可以寄递的物品，那么接下来收件员要指导客户进行快递运单的填写，同时根据寄递物品的性质进行合理妥善的包装。包装后称重，告知客户快递服务费用，现结的客户要将费用当面结清。最后是粘贴运单和标识。这里的标识包括两种，一种是运输标识，比如"易碎品"；另一种是用来标明该票快件的业务类型，比如"空运件""次日达"等，具体要根据快递公司的规定来操作。

图 3.1.1　快件收寄作业的基本流程

拓展学习　　　　　　　　　　**收寄后续处理**

一、快件信息录入

快递人员收取快件后，应将快件的运单号码、寄件人和收件人信息、寄递物件信息、资费、重量、目的地、寄件日期及时间、收件快递人员的姓名或工号等信息录入快递企业的信息系统。快递人员在快件信息录入完毕后，应立刻将其上传至快递企业的网络信息系统，并与之对接，使得寄件人、收件人可凭运单号码查询快件的状态。综合来看，快件信息录入主要有以下 3 个目的：① 便于客户查询。② 便于快件配载计划的制订。③ 便于快递企业各网点进行财务收款。

二、交接快件

交接快件是指快件经验收后，在运回营业网点（或中转站）时，快递人员与营业网点（或中转站）处理人员共同对快件和运单进行复核，以确保快件和运单完好、相符的作业。

1. 复核快件

交接快件前应进行复核，具体复核的内容如下：① 检查快件外包装是否牢固，如有异常应与中转站处理人员一起在监视器的监控下拆开包装，重新加固封装。② 检查快件上的运单粘贴是否牢固，若运单缺损，则应重新填写一份运单代替原运单，并及时通知客户新运单号。③ 核对运单数量与快件数量是否相符，若不符，必须及时找出原因并跟进处理。④ 检查运单是否填写完整、正确。

2. 登记运单

（1）手工登单。

手工登单的工作步骤如下：快递业务人员按照清单的填写内容要求，将快件信息抄写在清单的相应位置上，抄写完毕后，将清单中的一联交给中转站处理人员，另一联自留保存。手工登单的具体要求如下：①字迹工整，便于识别、判定信息的准确性。②完整性。必须根据清单的填写要求，将运单上的相应内容完整地登记在清单上。③真实性。按照要求如实填写收寄快件的信息。

（2）电脑系统登单。

电脑系统登单的工作步骤如下：①中转站处理人员（仓管员）对快递业务人员交回的快件和运单进行扫描。②将数据上传到公司数据库。③整理收件人员的收件信息并打印清单。④清单一式两份，由快递业务人员签字确认。

三、营业款交接

营业款交接主要是指业务员与快递企业指定收款员之间的交接，即业务员把当天或当班次收取的营业款，移交给快递企业指定的收款员。营业款交接的工作要求如下：

① 快递业务人员必须将营业款移交指定收款人员。

② 所有营业款需当日结清，不得将款项留在快递业务人员处过夜。

③ 应于公司规定的结算时间之前交接完毕，移交工作不得延误。

营业款交接步骤如下：

① 交款准备。快递人员准备并整理当天的快件收寄清单和营业款。

② 出具交款清单。收款员根据系统信息向业务人员出具当天的交款清单，以此作为收款依据。

③ 核对交款清单。业务员根据当天的收寄清单核对收款清单，如有差异，应立即与收款人员确认。

④ 交款签字。核对无误后，业务人员按照交款清单的营业总额移交现金或支票。

四、快件更址和撤回

1. 快件查询

快件查询是快递企业向寄件人反馈快件传递状态的一种服务方式。

① 查询渠道：网站、电话、网点三种查询方式。

② 查询内容：快件当前所处的服务环节、所在的位置。

③ 查询答复时限：客户电话查询时，快递企业应在30分钟内告知客户。

④ 查询信息有效期为快递企业收寄快件之日起一年内。

2. 快件更址

快件更址：快递企业根据寄件人的申请，将已经交寄快件的收件人地址按寄件人的要求进行更改。

快件更址的条件：

① 同城和国内异地快递服务：快件尚未派送到收方客户处时可申请快件更址。

② 国际及中国港澳台快递服务：尚未出口验关时可以申请更址。

3. 快件撤回

快件撤回是指快递企业根据寄件人的申请,将已交寄的快件退还寄件人的一种特殊服务。

(1) 快件撤回的条件。

① 同城和国内异地快递服务:快件尚未首次派送,或已首次派送但尚未派送成功,可撤回,但应收取相应的撤回费用。

② 国际及中国港澳台快递服务:快件尚未出口验关,可申请撤回。

(2) 快件撤回申请。

客户提出快件撤回的要求后,快递人员应指导客户填写快件撤回申请,并将其送交客服人员处做撤回处理。

【课后练习3.1】

一、填空题

1. 快件收寄,是快递流程的首要环节,是指_____在获得订单后由_____上门服务,完成从客户处收取_____和_____的过程。

2. 大客户是指与快递公司签订_____且每天发件数量达到一定标准的客户,其显著特征为_____、_____、_____等。

二、判断题

《快递服务》国家标准中对于快递公司收取的快件规格要求为:单件质量不超过50kg;包装规格任何一边的长度不超过150cm,长、宽、高三边长度之和不超过250cm。(   )

三、简答题

请用自己的语言简要描述快件收寄的基本流程。

3.2 识别禁限运品

学习目标

知识目标:熟悉快递禁限寄品相关规定

能力目标:学会识别禁、限运品

工作任务

请结合教材关于禁限寄物品的说明,以及3.1工作任务中的相关资料,分析任务资料中的物品是否都能收寄,有哪些是禁寄或限寄物品。

核心知识

一、禁止寄递物品

禁止寄递物品指在任何情况下,均不能受理的物品。

为加强邮政行业安全管理，防止禁止寄递物品进入寄递渠道，妥善处置进入寄递渠道的违禁物品，维护寄递渠道安全畅通，我国有关部门依据《中华人民共和国邮政法》《中华人民共和国反恐怖主义法》以及《邮政行业安全监督管理办法》等法律、行政法规和相关规定制定的《禁止寄递物品管理规定》（以下简称《规定》），于 2017 年 1 月由国家邮政局、公安部和国家安全部共同发布公告。《规定》将禁寄物品分为三大类别，并给出了《禁止寄递物品指导目录》，适用于在中华人民共和国境内提供和使用寄递服务活动。

（1）危害国家安全、扰乱社会秩序、破坏社会稳定的各类物品；
（2）危及寄递安全的爆炸性、易燃性、腐蚀性、毒害性、感染性、放射性等各类物品；
（3）法律、行政法规以及国务院和国务院有关部门规定禁止寄递的其他物品。

寄递企业应当严格执行收寄验视制度，依法当场验视用户交寄的物品是否属于禁寄物品，以及物品的名称、性质、数量等是否与寄递详情单所填写的内容一致，防止禁寄物品进入寄递渠道。

快递企业业务员在验视时应特别注意以下两种情况：
（1）当客户所寄物品的包装为钢瓶或棕色瓶时，则表明内装物品极有可能是危险品。
（2）如遇到粉状物、液体、结晶体，经授权单位检测后认定为非危险品，才可邮寄。

表 3.2.1 所示为可能含有危险品的情况。

表 3.2.1 可能含有危险品的情况

类别	可能含有的危险性物品
液体	可能含有易燃物的液体或液化气体
化学品	易燃固体、氧化剂、有机过氧化物、有毒或腐蚀性的物质
医用品	可能含有传染性的物质、放射性材料、压缩或液化气体、毒性或腐蚀性物质
电器电动设备	可能含有磁性物质或水银、电池等
车辆零部件	可能含有磁性物质、黏合剂、涂料、蓄电池等
药品	可能有危险的化学品和有毒物质
机器零件	可能有油性黏合剂、涂料等
私人物品	可能有易燃气体、清洁剂、液态打火机添加剂、火柴、黏合剂、漂白剂等
玩具	可能有电池、打火用的易燃物品、黏合剂等

二、限制寄递物品

限制寄递物品指在特定条件下，需要特定条件方可受理的物品。

1. 我国限寄出境的物品

（1）金银等贵重金属及其制品。
（2）国家货币。
（3）外币及其有价证券。
（4）无线电收发信机、通信保密机。
（5）贵重中药材及其成药（麝香不准邮寄出境）。
（6）一般文物等［一般文物指 1795 年（乾隆五十九年）后的，可以在文物商店出售的文物］。

(7)海关限制出境的其他物品。

2. 我国限制进境的物品

(1)无线电收发信机、通信保密机。

(2)烟、酒。

(3)危险的和珍贵的动物、植物（含标本）及其种子和繁殖材料。

(4)国家货币。

(5)海关限制进境的其他物品。

3. 我国海关对限制寄递物品的限量与限值规定

根据海关的有关规定，在国内范围互相邮寄的物品：卷烟、雪茄烟每件以两条（400支）为限，二者合寄时亦限400支。邮寄烟丝、烟叶每次均各以5kg为限，两种合寄时不得超过10千克。每人每次限寄一件，不准一次多件或多次交寄。对于寄往国外的物品，还应遵守海关限值的有关规定：寄往国外的个人物品，每次价值以不超过人民币1 000元为限，免税额为人民币500元，超出的，仅征收超出部分。中药材、中成药以人民币200元为限。寄往香港、澳门的个人物品，每次限值为人民币800元，免税额为400元。中药材、中成药以人民币100元为限。

外国人、华侨和港澳台胞邮寄出口的物品，如果是外汇购买的，只要不超过合理数量，原则上不受出口限制。限制寄递物品在寄达国（或地区）有限量、限值规定的，应按寄达国（或地区）的规定办理。

拓展学习　　　　　　　　**禁寄物品的处理方法**

《禁止寄递物品管理规定》第十一条　寄递企业完成收寄后发现禁寄物品或者疑似禁寄物品的，应当停止发运，立即报告事发地邮政管理部门，并按下列规定处理：

（一）发现各类枪支（含仿制品、主要零部件）、弹药、管制器具等物品的，应当立即报告公安机关；

（二）发现各类毒品、易制毒化学品的，应当立即报告公安机关；

（三）发现各类爆炸品、易燃易爆等危险物品的，应当立即疏散人员、隔离现场，同时报告公安机关；

（四）发现各类放射性、毒害性、腐蚀性、感染性等危险物品的，应当立即疏散人员、隔离现场，同时视情况报告公安、环境保护、卫生防疫、安全生产监督管理等部门；

（五）发现各类危害国家安全和社会稳定的非法出版物、印刷品、音像制品等宣传品的，应当及时报告国家安全、公安、新闻出版等部门；

（六）发现各类伪造或者变造的货币、证件、印章以及假冒侵权等物品的，应当及时报告公安、工商行政管理等部门；

（七）发现各类禁止寄递的珍贵、濒危野生动物及其制品的，应当及时报告公安、野生动物行政主管等部门；

（八）发现各类禁止进出境物品的，应当及时报告海关、国家安全、出入境检验检疫等部门；

（九）发现使用非机要渠道寄递涉及国家秘密的文件、资料及其他物品的，应当及时报告国家安全机关；

（十）发现各类间谍专用器材或者疑似间谍专用器材的，应当及时报告国家安全机关；

（十一）发现其他禁寄物品或者疑似禁寄物品的，应当依法报告相关政府部门处理。

【课后练习3.2】

一、填空题

1. _____应当严格执行收寄验视制度，依法当场验视用户交寄的物品是否属于禁寄物品，以及物品的_____、_____、_____等是否与寄递详情单所填写的内容一致，防止禁寄物品进入寄递渠道。

2. 寄递企业完成收寄后发现禁寄物品或者疑似禁寄物品的，应当_____，立即报告事发地_____部门，并按相关规定处理。

二、判断题

1. 当客户所寄物品的包装为钢瓶或棕色瓶，则表明内装物品极有可能是危险品。
（　　）

2. 如遇到粉状物、液体、结晶体，经授权单位检测后认定为非危险品，才可邮递。
（　　）

3.3 快件包装

学习目标

知识目标：了解快件包装的方法和注意事项

能力目标：能够选择合适的快件包装

工作任务

小李是顺丰速运的一名收派员，某日的上门取件作业中，他碰到了以下几种类型的内件，请帮助他选择合适的包装材料和辅料，并指出包装时有哪些注意事项。

1. 普通文件一份，厚度小于1cm。
2. 飞机设计图纸一份，1.5m×0.8m，要求不允许折叠。
3. 佳能单反相机一台。
4. 金斯顿某型号U盘25个。
5. 高档音箱一套。
6. NMD运动鞋一双，带鞋盒。

核心知识

一、快递包装材料及规范

常见的快递包装材料：文件封、包装箱、包装袋、快件箱。

常见的快递包装辅料：气泡垫、泡沫板、防雨膜、防雨袋、胶纸、编织袋等。

在快递作业流程中,快件损坏的原因中包装操作不规范占 47.59%。常见的不规范包装,如"一条边封口"及"十字封口"的纸箱在实际使用中时常发生箱被掏、箱内货物被盗的现象。所以在快递企业业务员收寄快件时,妥善的包装十分重要。内件类型不同,所采用的包装规范及标准也不同,具体如表 3.3.1 所示。

表 3.3.1 快件包装规范及标准

内件类型	包装方式
纸质类	厚度低于 1cm,可用文件封。 厚度大于 1cm,可选包装袋
易碎品	多层次包装:即货物—衬垫材料—内包装—衬垫材料—运输包装。 璃璃器皿类:泡沫衬垫、坚固外包装,填充严实
体积微小、易散落、易丢失	用塑料袋作为内包装将托寄物聚集,留有适当空隙。如数量较大,需加固外包装,填充材料,并留出适当空隙
单件重量较大	先用较软材料如气泡垫包裹,然后采用材质好、耐磨性能好的塑料袋包装,或者使用材质较好的纸箱或木箱包装,并用打包带加固
形状不规则、超大、超长	用气泡垫或软材料进行全部或局部(易碎、尖锐部位)包装。若单件重量超过 5kg,则不需多件捆绑,若货物为易碎物品,则应加贴易碎贴纸

二、胶带纸与打包带的使用

快递包裹都必须用胶纸封箱,以免货物散落,良好的封箱操作有助于加固包装,但必须遵守适度原则。使用"纸质文件封"包装商业文件,使用封箱胶纸封口,加固。运单粘贴按"工"字形标准进行操作,同时可以配合快件封箱加固操作,减少胶纸的使用量。如图 3.3.1 所示,如果客户原有加固胶纸已符合公司包装要求,那么开箱检查完并把封口封好后,可以不另行增加胶纸进行加固。纸箱类、编织袋类、木箱类包装重量超过 5kg,需配合使用打包带加固。

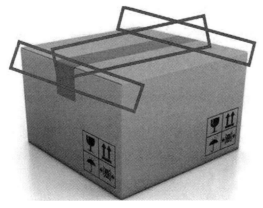

图 3.3.1 工字形封箱

拓展阅读　　　　快递包装过度　环保包装成业内新宠

一年的快递业务量超过 200 亿件，消耗 31 亿条编织袋，快递用胶带可以绕地球赤道 425 圈……电商蓬勃发展的今天，中国已经成为当之无愧的"快递大国"，然而，民众享受便捷服务，商家收获利润的同时，却给环境带来了沉重的负担。

又到一年的"双 11"，一场购物狂欢过后，留下的是"天量"快递垃圾。这些垃圾该如何处理？造成的环境污染问题又该怎样解决？绿色快递何时才能实现？一系列现实又紧迫的问题亟待解决。

一组触目惊心的数字

快递包裹每年产生数百万吨垃圾　胶带绕赤道 425 圈

临近"双 11"，在北京某公司工作的保洁员杜梅又迎来了"丰收季"，因为公司员工网购增多，她一天能收一车快递包装箱，这些箱子拿去卖废品能换些"买菜钱"。

"平时一个星期就能收近 30 斤纸箱，一个月就有 100 多斤，这些还没有算上箱子里的填充物，'双 11'期间纸箱会更多。"杜梅说。她所在的公司有 300 余人，一年下来，攒下的快递纸箱就有一两千斤。

杜梅的经历只是一个个例，随着网购的兴起和快速扩张，中国快递业务量增速迅猛。国家邮政局的数据显示，2015 年全国快递业务量达到 206.7 亿件。按照每个包装箱 0.2kg 估算，200 亿个包裹会产生包装垃圾 400 多 t。

而国家邮政局今年 10 月发布的《中国快递领域绿色包装发展现状及趋势报告》显示，中国快递包装年耗用量惊人，2015 年共消耗快递运单约 207 亿枚、编织袋约 31 亿条、塑料袋约 82.68 亿个、封套约 31.05 亿个、包装箱约 99.22 亿个、胶带约 169.85 亿 m、内部缓冲物约 29.77 亿个。这其中，仅胶带总长度就可以绕地球赤道 425 圈。

快递垃圾背后的无奈

——货运存风险　电商被迫"过度包装"

外包装塑料袋、纸箱、填充物、商品自带包装……通常，一件网购商品送到顾客手上都被包得里三层外三层，有时包装物重量甚至远超商品本身。虽然这样的包装费钱、费力，但不少电商为了运输安全，都是选择"宁多毋少"。

在某网站出售保健品的一名电商就对中新网记者表示，在发货前，有专门的人员在仓库进行打包处理。由于保健品很多是玻璃瓶装，包装员会在包装箱内放大量填充物，保证运输安全，而一旦发生损坏，店家要承担全部损失。

"我们经营的是水果生意，送货要用保温、防撞的箱子，快递公司只能提供普通箱子，要发货就必须自备一套包装，想省也省不了。"在北京经营一家微店的刘莉也面临同样的无奈。

——环保包装物料身价高　难受快递、电商青睐

由于环保可降解的包装物料价格较高，出于成本考虑，不少电商和快递企业的外包装还采用的是不可降解材料。

以快递包装中需要大量消耗的胶带为例，目前绝大多数快递包裹都是用不可降解胶带，而非环保可降解的牛皮纸胶带。

"包装快递都用普通透明胶带,没人用牛皮纸胶带包,太不划算。"一位在北京专营塑料包装的批发市场商户告诉记者,自己的店里从来不进牛皮纸胶带。

记者调查发现,一捆全长约265m、宽6cm的普通胶带,在网上的批发售价约为10元,而购买同样规格和长度的牛皮纸胶带价格接近40元,这样巨大的差距令环保包装材料难以受到快递、电商的青睐。

——垃圾在消费者手中无法有效分类回收

数百亿个快递包裹落入千家万户,但面对拆封剩下的包装垃圾,不少消费者都表示不知怎样处理。

"以前我还会把纸箱攒起来卖掉,但现在纸箱价格越来越低,收废品的都不愿意上门来拿,只能扔掉,等捡垃圾的把它们捡走。"家住北京市海淀区的张朝红说,自家的阳台隔几天就会被大大小小的快递箱占满,但因为卖不了几个钱,废纸箱最后都进了垃圾桶。

记者了解到,像张朝红这样做的人不在少数。但是,随手扔掉后,快递垃圾真的能有效回收利用吗?

一家废品收购站的老板告诉记者,自己收购的纸箱一般都是把外部粘贴的胶带、塑料包装去掉的纸箱。但很多人随手扔掉的快递箱不仅体积小,也没把内部填充物和外包装去除,有的还混合了各类垃圾,分拣要耗费大量人力,导致无法有效回收利用。

《人民日报》此前刊发的一篇文章指出,目前中国快递业中纸板和塑料实际回收率不到10%,这些包装大多被直接送进垃圾场填埋,给城市环境带来巨大压力。

快递垃圾究竟有多大隐患?

资源巨大浪费 焚烧后产生大量污染物

不少人认为,快递包装大部分用的是纸箱,这些纸箱被回收以后依然可以捣碎、回炉、再利用,但其实这背后仍然是巨大的资源浪费。

据中国再生资源回收利用协会估算,每1吨废纸回炉化浆能生产0.8t的再生好纸。也就是说,1t可重复利用多次的纸箱如果用一次就扔掉,即使能100%回收纸浆,最后也只能得到0.8t的新纸盒纸箱,剩余0.2t的缺口,仍要靠砍树伐木来解决。而生产过程中还会消耗煤、电等能源,对水、大气等环境造成新污染。

另外,包括透明胶带、空气囊、塑料袋等在内的包装物,其主要原料为聚氯乙烯,这一物质埋在土里,需要上百年的时间才能降解,如果焚烧,会产生大量污染物,危害人体健康。

绿色快递离我们还有多远?

来自国家邮政局的预测显示,到2018年将达500亿个包裹。快递"爆仓"的背后,是数以百万吨记的"天量"垃圾,绿色快递的发展已迫在眉睫。此前,国家邮政局出台了《推进快递业绿色包装工作实施方案》,明确要在绿色化、减量化、可循环方面取得明显效果,"十三五"期间,力争使重点企业、重点地区的快递业包装绿色发展取得突破。

"目前,我们的快递包装材料主要是纸张、塑料、玻璃、金属、木头、竹子等,每年由于包装不妥当、不规范造成的损耗,或达100亿元人民币以上。"一位不愿透露姓名的业内专家接受中新网记者采访时说。在他看来,目前,中国的快递包装再次开发利用能力偏弱、包装专业人才欠缺等问题突出。他强调，解决快递垃圾问题是巨大的系统性工程，不仅需要物流业、快递业主管部门下发规范性文件，更需要提供专项资金支持包装材料研发与回收，鼓励快递企业回收包装等举措。

国务院发展研究中心资源与环境政策研究所副所长常纪文此前也表示，对于快递、电商的包装标准，并没有明文规定。因此，需要建立和完善相关法律法规，例如，明确快递行业的运输包装环保标准；明确包装中使用的各种非降解材料的数量标准等。另外，可以通过税收杠杆调节快递包装的市场行为，提高不可降解材料的成本，鼓励回收利用等。

"落实绿色快递主要是靠市场主导，同时要制定行业标准、包装材料标准，还要号召包括消费者、卖家在内的包装使用人响应环保需求。"中国快递协会原副秘书长邵钟林在接受中新网记者采访时表示，绿色快递的实现，不仅需要快递企业的推进，更需要消费者、市场乃至整个社会的共同努力。

（http://pc.52pk.com/yule/6864174.shtml）

3.4 快递费用计算

学习目标

知识目标：掌握快递费用计算方式
能力目标：能够正确地计算快递运费

工作任务

请根据收费标准（表3.4.1）计算以下快递业务应收取的费用。

分任务一：一票从上海寄往广州的快件（航空运输），使用纸箱包装，纸箱的长、宽、高分别为59.1cm、39.5cm和29.8cm，快件实重5kg，其计费重量是多少？

分任务二：一票从上海寄往广州的快件（航空运输），使用纸箱包装，纸箱的长、宽、高分别为60cm、40cm、30cm，快件实重21.5kg，计算其资费。

表 3.4.1　收费标准 1

区间	首重 1kg	1kg < 重量 ≤ 20kg	20kg < 重量 ≤ 50kg
上海—广州	12 元	6 元/kg	5 元/kg

分任务三：一票从北京寄往上海的快件，计费重量22kg，收费标准如下（表3.4.2），请计算快件运费。

表 3.4.2　收费标准 2

目的地	20kg 以下	20kg 以上
上海	6 元/kg	4 元/kg

核心知识

对于可以收寄的快件，请根据所给资费标准，计算应付的快递费用（注意保价费和附加费用）。快递企业可能采用以下两种计算公式的一种来进行快递费用的计算。详情如表3.4.3所示。

表3.4.3 快递资费计算公式

资费标准	资费计算公式	备注
方式一：首重续重原则计算	资费＝首重价格＋续重×续重价格	续重＝计费标准－首重
方式二：单价计算	资费＝单位价格×计算重量	—

在具体操作时，要注意以下几点：

（1）常规件：只对重量进行计量。

（2）轻泡件：比较体积重量和实际重量，体积重量大于实际重量的一般称为轻泡件。对于轻泡件，要取体积重量作为计费重量。

国际航空运输协会规定的轻泡件重量计算公式为：

$$体积重量(kg) = 长(cm) \times 宽(cm) \times 高(cm)/6\,000\,(kg/cm^3)$$

陆路运输的轻泡件重量计算公式为：

$$体积重量(kg) = 长(cm) \times 宽(cm) \times 高(cm)/12\,000\,(kg/cm^3)$$

（3）不规则物品的体积测量：取物品的最长、最宽、最高边量取。

（4）尾数处理：严格按照重量标准报价，逢尾进一。贵重物品重量尤其要准确，测量时需精确到小数点后一位，计算时最小计量单位为1cm或1kg。

比如：7.1cm和7.8cm都按8cm来算；8.1kg和8.9kg都按9.0kg来算。

3.5 填写并粘贴运单

学习目标

知识目标：了解快递面单的种类，掌握快递面单的内容和填写标准

能力目标：能够正确填写并粘贴快递运单和标识

工作任务

根据下发的任务资料，填写快递运单（四联单），然后妥善地将运单和相应的标识贴在快递的外包装上。

核心知识

一、快递运单的种类

1. 传统的四联单

传统四联单一般分为寄件客户联、取件联、派件联、收件客户联。图3.5.1所示为传统纸质运单。

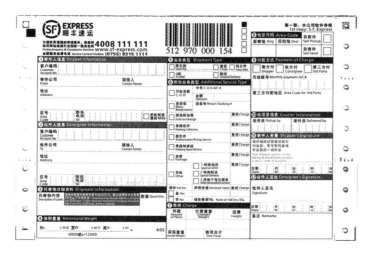

图 3.5.1　传统纸质运单

2. 快递电子运单

电子运单是使用热敏纸按系统预先设置的格式和内置的单号打印的运单（图 3.5.2）。所谓电子运单，是指使用不干胶热敏纸按照物流公司的规定要求打印客户收派件信息的运单，在行业内也被称为热敏纸快递标签、经济型运单、二维码运单等。电子运单在国外已经成功运用多年，如联邦快递（FedEx）和国际快递（UPS）。而在国内，京东、当当、易迅、一号店等从建立初期就开始使用电子运单。

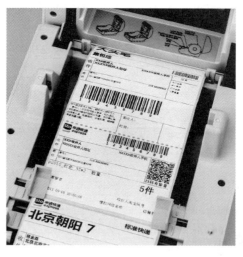

图 3.5.2　电子运单

3. 电子运单服务特点

电子运单服务，是指由快递公司向卖家提供的一种通过热敏纸打印输出纸质物流运单的物流服务。

（1）收货过程简单，服务质量高。

货到后客户在回执栏签字，由快递人员撕下带回，客户留存余下的存根栏。运用电子运单只需留存一张单据，不必存留三四张联单的单据，防止翻看记录的烦琐。

（2）规范订单，减少订单错误。

大中客户用桌面热敏打印机打印运单，零散小客户用手持热敏打印机打印运单，这避免了手写订单出现的一系列问题。

（3）降低人力成本，提高耗材利用率。

全部采用热敏打印，除大客户处预留卷装运单供其自行打印外，其他客户无须在客户处预留运单。带单上门服务避免了运单遗失、损坏等不必要的浪费，提高了耗材利用率，节约了成本。由于不再需要手工录入快运信息，这也大大地减少了人力资源成本。

（4）更多价值利用空间。

运单的信息容量大，可以在预设的空白处印刷促销广告或推广活动。电子运单也可以成为一个定向的广告位，从而取得更大的价值。

二、快递运单的内容及填写规范

1. 快件运单填写的总体要求

（1）国内快件运单使用蓝、黑色笔书写或打印，禁止使用铅笔或红色笔书写。书写、打印的运单信息要保证最后一联的字迹清晰。

（2）书写要求字迹工整。

（3）运单内容填写规范、完整。

（4）运单填写件数，对一票多件的快件运单应注明总件数和本件的流水序号。

（5）运单上不得写有"秘密""机密""绝密"以及部队番号、代号和暗语等。

2. 快件运单内容的填写规范

按照所能查询或辨认的原运单信息尽可能完整、准确地填写运单，尤其是收件人信息和寄递物品信息要填写准确。

运单应详细填写寄递物品实际名称，不允许有笼统字眼，如"样板（版、品）""电子零件"等。品名内容中不可有"部分"字样，应写明具体数量。

出口件的寄递物品需根据物品性质、材料来详细申报，例如衫、裤要注明为针织、棉、毛、皮、人造皮革、化纤等，玩具要注明为布、塑料或毛绒等，以保证快件发运过程中安全检查正常及通关顺利。

表 3.5.1 所示为快递运单应包括的内容。

表 3.5.1 快递运单应包括的内容

运单项目	具体内容
寄件人信息	名称、地址、单位、联系电话
收件人信息	名称、地址、单位、联系电话
快递服务组织信息	名称、标识、联系电话
快件信息	品名、数量和重量、价值、封装形式
费用信息	计费项目及金额、付款方式、是否保价（保险）及保价（保险）金额
时限信息	收寄时间、投递时间
约定信息	双方约定事项，包括产生争议后的处理途径；寄件人对快递运单信息的确认
背书信息	查询方式与期限，顾客和快递服务组织双方的权利与责任，包括顾客和快递服务组织发生争议后的解决途径；赔偿的有关规定

三、快递运单和标识的粘贴

1. 运单粘贴位置

根据快件表面美观、大方的要求,以及从左到右的操作和阅读习惯,运单应粘贴在快件外包装上面的适当位置,运单与快件边缘留出5cm的空白。应把表面的四个角落位置留出来,以便标识、随带单证的粘贴。

2. 运单粘贴方法

各快递企业根据自身运单的特性采取不同的粘贴方式,运单袋封装是其中最常见的方式。

3. 运单粘贴注意事项

(1) 运单粘贴应尽量避开骑缝线,由于箱子挤压时,骑缝线容易裂开,所以运单易破损或脱落。

(2) 运单应粘贴在快件最大的平整表面,避免粘贴出现皱褶等。

(3) 使用胶纸时,不得使用有颜色或带文字的透明胶纸覆盖运单内容,胶纸不得覆盖条形码、派件员姓名、收件人签署栏以及派件日期栏的内容。

(4) 运单粘贴须保持平整,运单不能有皱褶、折叠、破损。

挤出运单袋内的空气,再粘贴胶纸,避免挤破运单袋。如果是国际快件,须注意将相关的报关单据与运单一起装进运单袋,或者按照快递企业的具体要求操作。如有形式发票,应将形式发票和运单一起装进运单袋内,或者按照公司的具体要求操作。

(5) 运单要与内件一致,避免运单错贴在其他快件上。

4. 不规则快件的运单粘贴

(1) 圆柱形快件的运单粘贴。圆柱底面足够大(能平铺粘贴运单),将运单粘贴在圆柱形物体的底面,注意运单不得贴在底面边缘,避免快件叠放时把运单磨破。例如油漆桶,把运单粘贴在底面正中央,不得贴在高起的边缘上。如果圆柱物体较小,底部无法平整粘贴运单,则将运单环绕圆柱面粘贴,注意运单号码不得被遮盖。例如奶粉罐,将运单环绕罐身粘贴,为使运单粘贴得牢固,运单粘贴好之后,须加贴透明胶纸环绕两底部粘贴运单,确保运单不会顺着罐身滑落。

(2) 锥形物体的运单粘贴。体积较大的锥形物体,选择能完整粘贴运单的最大侧面,平整粘贴运单。体积较小的锥形物体,如果单个侧面无法平整粘贴运单,可将运单内容部分粘贴在两个不同的侧面,但运单条码必须在同一个侧面,不能折叠。

(3) 小物品快件的运单粘贴。对于体积特别小、不足以粘贴运单(即运单环绕一周能把整个快件包裹起来)的快件(通常称为"小件"),为了保证快件的安全,避免遗漏,建议将其装在文件封或防水胶袋中寄递。运单粘贴在文件封或防水胶袋的指定位置。

(4) 对于特殊包装的快件,运单粘贴应遵循以下原则:首先,运单的条码不得被覆盖,如不得被物品覆盖和不得被颜色覆盖;其次,运单条码不得被折叠,即运单的条码须在同一表面展示,不得折叠或在两个(含以上)表面上。

5. 标识的粘贴

(1) 正面粘贴。为便于分拣操作,对于与分拣直接相关的标识,宜将其与运单粘贴在同一表面,如国际件标识、自取件标识。

(2) 侧面粘贴。防辐射、向上等标识应粘贴在快件侧面,便于在搬运、码放时能够很容易地识别。

(3) 三角粘贴。需要多面见到的标识,可以贴在包装箱的角上,包住快件角的三个方向。例如易碎件标识,斜贴在快件粘贴运单的正面角上,另外两个角粘贴在其他两个方向。

(4) 沿骑缝线粘贴。贴纸作为封箱操作用品使用,每件快件至少粘贴2张,每个可拆封的骑缝线都得粘贴。例如保价贴纸,应粘贴在每个表面的骑缝线上,起到封条的作用,提醒不允许拆开包装。

6. 随运单证的粘贴

随运单证包括代签回单、代收货款证明、形式发票、报关单、转运单等。各快递企业对随运单证的粘贴方式不一:有些企业将随运单证和运单一起放入装运单的塑料袋内,用胶纸粘贴在快件上;有些企业将随运单证和托寄物放在一起。

拓展学习　《快递电子运单》邮政行业标准

为规范快递电子运单的生产和使用,国家邮政局正式发布了《快递电子运单》邮政行业标准(YZ/T 0148—2015)。该标准为推荐性行业标准,自2016年3月1日起施行。

《快递电子运单》邮政行业标准规定了国内快递电子运单(以下简称"电子运单")的类别、组成及规格、区域划分及信息内容,以及技术、环保、试验方法、运输和储存等要求。根据标准的定义,电子运单是将快件原始收寄等信息按一定格式存储在计算机信息系统中,并通过打印设备将快件原始收寄信息输出至热敏纸等载体上所形成的单据。

《快递电子运单》邮政行业标准规定,电子运单分为两联电子运单和三联电子运单两类。电子运单每联均由三层组成,第一层为热敏打印纸,用于信息打印;第二层为铜版纸或格拉辛纸,用于粘贴;第三层为格拉辛离型纸,用于隔离。该标准特别提出,电子运单所使用的纸张和阻隔胶、背胶,其有害物质限量值应符合国家环保的相关规定。

为保护用户的合法权益,该标准还明确规定,使用电子运单前,快递服务组织应与用户达成快递服务协议,其格式内容应符合《快递运单》国家标准(GB/T 28582—2012)附录A的相关要求。快递服务协议应置于快递服务组织网站及APP软件系统中,便于用户阅知、保存,以供查询、追溯等使用。在派件存根联的业务类别及业务处理区中应明确标示"服务协议内容本人已阅知并同意"等字样。在寄件人存根联的业务类别及业务处理区中应明确标示"寄件人已阅知并同意服务协议内容。服务协议可在快递服务组织网站或APP软件系统中查阅"等字样。

【课后练习3.5】

一、填空题

1. 传统的四联单分为_____、取件联、_____、收件客户联。
2. 所谓电子运单,是指使用_____纸按照物流公司的规定要求打印_____的运单,在行业内也被称为热敏纸快递标签、经济型运单,二维码运单等。

二、判断题

1. 运单应详细填写寄递物品的实际名称,不允许有笼统字眼,如"样板(版、品)"

"电子零件"等。品名内容中不可有"部分"字样,可以不写明具体数量。　　(　　)

2. 运单上不得写有"秘密""机密""绝密"以及部队番号、代号和暗语等。　　(　　)

三、简答题

简要说明锥形物体的运单粘贴。

模块四

快递处理业务

内容提要

4.1 快递处理基本流程
4.2 快递分拣和封发
4.3 进出口快件的处理

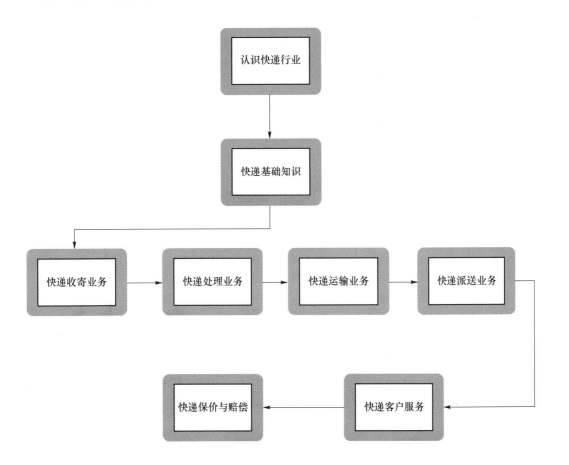

4.1 快递处理的基本流程

学习目标

能力目标：掌握快递处理的基本流程

知识目标：了解快递处理的基本环节

工作任务

JX 速运公司的实习生小 D 轮岗到公司位于昆山的中转中心工作。在到中转中心工作的第一天，领导让他参观现场工作情况，掌握快递处理的基本流程，并且用流程图的形式描述出来。

核心知识

一、快递处理的概念和作用

快递处理是整个快递业务流程中贯通上下环节的枢纽，包括快件接收、分拣、封发三个主要环节。快递处理流程是指快递业务员对进入处理中心的快件进行分拣封发的全过程，包括到站接收、快件分拣、总包封装、快件发运四个关键步骤。快递处理有集散、控制和协同三个方面的作用。

二、快递处理的作业流程

快递处理的作业流程描述如表 4.1.1 所示。

表 4.1.1 快递处理的作业流程描述

序号	步骤	流程说明
1	引导到站车辆	引导快件运输车辆准确停靠，并核对车牌号码，查看押运人员的身份证件
2	验收车辆封签	检查车辆封签是否完好，核对封签上的印志号码
3	拆解车辆封签	使用不同的工具，按照正确方法将车辆封签拆解
4	装卸总包	把总包快件从运输车厢内卸下，注意安全，按序码排放
5	验收总包	查点总包数目，验视总包规格，对异常总包交主管处理
6	扫描称重	对总包进行逐袋扫描对比，称重复核，上传信息并将扫描信息与交接单核对
7	办理签收	交接结束后，交接双方在快件交接单上签名盖章，有争议的事宜在交接单上注明
8	拆解总包	解开总包，倒出包内快件，检查总包空袋内有无漏件
9	逐件扫描	逐件扫描快件条码，检查快件规格，将问题件剔出，交有关部门处理
10	快件分拣	按快件流向对快件进行分类、分拣
11	快件登单	逐件扫描快件的完整信息，扫描结束后及时上传信息，打印封发清单

续表

序号	步骤	流程说明
12	总包封装	制作包牌，将快件装入包袋并封口
13	总包堆码	将总包按一定要求堆位、码放
14	办理交运	将建好的总包，按发运车次、路向填制交接单并对比
15	交发总包	交接双方共同核对总包快件数量，检查总包规格、路向
16	装载车辆	按照正确装载、码放要求将总包快件装上运输车辆
17	车辆施封	交接双方当面施加车辆封签，保证封签锁好，核对号码
18	车辆发出	交接完毕，在总包快件交接单上签名盖章，引导车辆按时出发

行业动态

顺丰：智能物流系统之自动分拣系统

顺丰在奠定快递业龙头老大的地位之后，近年来也在不断寻找更多的发展空间，促进企业向机械化生产转型。近日，顺丰斥巨资在宁波建设大型仓储中转站，试水自动分拣带，建立行业的新秩序。

顺丰在近年来的发展中，为了寻求更多的利润增长空间，不断延伸其产业链，开展多方的跨界合作，除此之外，顺丰也在不断加强基础快递产业的建设，将更多的精力投入快递行业中。可以说，现代企业的发展离不开技术水平的提高，此次，顺丰在宁波建设的大型仓储中转站也将大大促进其向机械化企业的转型。

采用机械化生产最明显的优势就是可以大大提高生产效率。现在包括顺丰在内的大部分民营快递企业还在采用人工扫描分拣入库的方式来运作，如果采用机器分拣扫描入库的方式将会大大减少人力的投入。顺丰只需要详细制订好员工的工作计划，就能使其员工更好地配合机器生产，从而获得更高的经济效益。

此大型仓储中转站建成投入使用，将进一步促进顺丰的发展，也能让顺丰给消费者带来更为优质的服务。

（http：//b2b.toocle.com/detail—6314360.html）

4.2 快递分拣和封发

学习目标

能力目标： 能够进行快递分拣封发基本业务操作及特殊情况处理

知识目标： 了解快递分拣、封发的基本知识，掌握分拣封发基本业务操作

工作任务

请根据以下4种情况对快件进行分拣，并将分拣结果的序号填入表中（表4.2.1）。

分拣结果　　A. 正常　　　　　　　　B. 运单地址有误

　　　　　　C. 运单电话号码有误　　D. 运单邮政编码有误

表 4.2.1 分拣结果

序号	收件人单位	姓名	收件人详细地址	电话	邮编	分拣结果
1	清华大学	李双	北京市海淀区清华西路28号清华大学研究生招生办公室	010-6278××××	100084	
2	天津环球信封纸品技术有限公司	胡景鹏	天津市河西区大沽南路	022-2664××××	300222	
3	青岛粮油进出口股份有限公司	张丽	山东省青岛市北区丰县路3号	0532-8382××××	266022	
4	湖北省邮电印刷厂	詹淑珍	湖北省武汉市汉阳区五里新村杨稻草湾27号	027-8484××××	430050	
5	山西亿鑫通商贸有限公司	赫建忠	山西省太原市晋源区晋祠路	0351-694××××	030025	
6	南宁雁通有限责任公司	张波	广西壮族自治区南宁市新华街23号	139788××××××	530012	
7	昆明市邮政局	庄林	云南省昆明市吴井路139号二楼	0871-317××××	650011	
8	海南省邮电印务中心	洪山	海南省海口市港澳开发区	0898-6863××××	570331	
9	诸城市辛兴镇	许昌	山东省潍坊诸城市辛兴镇东尹家庄243号	020-8050××××	262218	
10	西北师范大学物理学院	杨旭	甘肃省兰州市安宁东路805号	0931-797××××	100070	

核心知识

一、快递的分拣

快递分拣作业是快件配送中心依据顾客的订单要求或配送计划，迅速、准确地将快件从送货车辆里拣取出来，并按一定的程序进行分类，集中派送给去往各地的运输工具的作业过程。分拣的依据一般是收件人地址，也可以转换为编码，比如各省、自治区、直辖市、特别行政区汉字简称、邮政编码、电话区号、国内主要城市航空代码和部分国家及我国港澳台地区中英文简称。

快递分拣的方式根据自动化水平的不同，可分为人工分拣、半自动分拣和自动化分拣。

1. 人工分拣

人工分拣是指在分拣过程中所有环节都采用手工方式进行。早期的邮政系统信件分拣，以及目前一些小规模的收派网点，采用的就是人工分拣方式，如图4.2.1所示。人工分拣时，如果业务量大原则上应将快件按文件类和物品类进行处理。如果业务量小也可采取文件类和物品类快件混合分拣的作业方式。标有"代收货款"的快件应单独分拣，分拣后"代收货款"的快件应单独放置，不得与其他快件混堆。

人工分拣又可分为初分和细分。快件的初分，是指因受赶发时限、运递方式、劳动组织、快件流向等因素的制约，在快件分拣时不是将快件一次性直接分拣到位，而是按照需要先对快件进行宽范围的分拣。快件的细分，是指对已经初分的快件按寄达地或派送路段进行再次分拣。

文件类快件分拣的操作要求：

（1）分拣时操作人员站位时，距分拣格口的距离要适当，一般为60～70cm。

（2）一次取件数量在20件左右。快件凌乱不齐时，取件时顺便堆齐。堆齐的方法是，两手掌心相对用力，在快件的两侧收拢整理。

（3）采用右手投格时，用左手托住快件的右上角，左臂托住快件的左下角，或左手托住快件的左下角，拇指捻件，右手投入并用中指轻弹入格。左手投格时的操作相反。

（4）分拣后的快件，保持运单一面向上且方向一致。

（5）分拣出的其他非本分拣区域的快件应及时相互交换。

图4.2.1　文件类快件的人工分拣

2. 半自动分拣

半自动分拣是指采用手工和机械设备相结合，将快件从运输车辆上卸到自动传送带上，再由人工根据快件标识进行手工分拣的一种分拣方式，如图4.2.2所示。

半自动分拣的操作要求：

（1）快件在指定位置上机传输，运单一面向上，平整放置，宽度不得超过传送带的实际宽度。

（2）快件传输至分拣工位，分拣人员及时取下快件。未来得及取下而带过的快件由专人接取，再次上机分拣或手工分拣。

（3）看清运单上的寄达目的地、电话区号、邮编后，准确拣取快件。

（4）取件时，对于较轻的快件，双手抓（托）住其两侧，对于较重的快件，双手托住其底部或抓牢两侧的抓握位，贴近身体，顺快件运动方向拣取。

半自动分拣的设备安全：

（1）设备运行前，检查带式或辊式传输设备周围是否有影响设备运行的障碍物，然后试运行，调试紧急停止按钮。

（2）注意：上机分拣的快件重量和体积均不得超出设备的额定标准。

（3）对非正常形状或特殊包装不符合上机传输条件的快件，要进行人工分拣，不得上机传输分拣。

（4）上机传输的快件与拣取的速度要匹配。

（5）传输过程中发生卡塞、卡阻现象时要立即停止设备运行。

（6）分拣传输设备运行中出现危急情况，应立即停止设备运行。

图 4.2.2　快递的半自动分拣

3. 自动化分拣

随着科技的进步，以及快递业务量的增长，越来越多的快递企业在快递处理时运用了自动分拣系统。自动分拣系统一般由控制装置、分类装置、输送装置及分拣道口组成。

（1）控制装置的作用是识别、接收和处理分拣信号，根据分拣信号的要求指示分类装置按快件品种、快件送达地点或货主的类别对快件进行自动分类。这些分拣需求可以通过不同方式，如可通过条形码扫描、色码扫描、键盘输入、重量检测、语音识别、高度检测及形状识别等方式，输入分拣控制系统中，根据对这些分拣信号的判断，来决定某一种快件该进入哪一个分拣道口。

（2）分类装置的作用是根据控制装置发出的分拣指示进行分类。分类装置的种类很多，一般有推出式、浮出式、倾斜式和分支式几种，不同的装置对分拣快件的包装材料、包装重量、包装物底面的平滑程度等有不完全相同的要求。

（3）输送装置的主要组成部分是传送带或输送机，其主要作用是使待分拣快件通过控制装置、分类装置，输送到装置的两侧，一般要连接若干分拣道口，使分好类的快件滑下主输送机（或主传送带），以便进行后续作业。

(4）分拣道口是已分拣快件脱离主输送机（或主传送带）进入集货区域的通道，一般由钢带、皮带、滚筒等组成滑道，使快件从主输送装置滑向集货站台。在那里，工作人员将该道口的所有快件集中后入库储存，或组配装车并进行配送作业。

以上四部分装置通过计算机网络联结在一起，配合人工控制及相应的人工处理环节构成一个完整的自动分拣系统。

二、快递的封发

快递的封发是指将快递分类装袋，建立总包（图4.2.3），分类发往目的地。

总包是指将寄往同一寄达地（或同一中转站）的多个快件，集中装入的容器或包袋。图4.2.4所示为快递的总包发运。

图4.2.3　建立好的快递总包

图4.2.4　快递的总包发运

封发一般包括以下环节：

1. 生成封发清单

如分拣机具备称重和测体功能的，则由系统自动生成封发清单；如分拣机无称重和测体功能或由人工分拣作业的，应由封发员按封发格口扫描快件条码，并录入封发清单。

2. 快件称重

扫描录入封发清单后，将待封总包的快件置于电子秤上称重，由系统采集或人工输入重量信息。

3. 快件封袋

打印封发清单和总包条码牌，快件装袋封发，系统自动生成总包快件信息。

4. 封发检查

检查总包封发规格及条码质量，检查现场有无遗漏封发快件。

> **拓展阅读**

GB/T 27917.3—2011《快递服务》"服务环节"部分中对于分拣和封发环节做了如下要求：

5.2.2 分拣

分拣包括以下要求：

（a）应按收件地址、快件种类、服务时限要求等依据进行分拣；

（b）应分区作业；

（c）文明分拣，不应野蛮操作，快件分拣脱手时，离摆放快件的接触面之间的距离不应超过30cm，易碎件不应超过10cm；

（d）小件物品及文件类快件，不宜直接接触地面；

（e）应准确将快件分拣到位，避免出现错分滞留现象；

（f）应及时录入分拣信息，并按规定上传网络。

5.2.3 封发

封发包括以下要求：

（a）应准确封发，防止错发漏发；

（b）应对中途需要中转的物品建立总包进行封发；

（c）应及时录入封发信息，并按规定上传网络。

> **【课后练习4.2】**

一、填空题

1. 快递分拣作业是_____依据顾客的订单要求或配送计划，迅速、准确地将快件从_____里拣取出来，并按一定的程序进行分类，集中派送给去往各地的运输工具的作业过程。

2. 快递分拣的方式根据其自动化水平的不同，可分为_____、_____和自动化分拣。

3. 快件的细分，是指对已经初分的快件按_____或_____进行再次分拣。

4. 半自动分拣是指采用手工和机械设备相结合，将快件从运输车辆上卸到_____上，再由人工根据_____进行手工分拣的一种分拣方式。

二、判断题

1. 文明分拣，不应野蛮操作，快件分拣脱手时，离摆放快件的接触面之间的距离不应超过30cm，易碎件不应超过20cm。（   ）

2. 应对中途不需要中转的快件建立总包进行封发。（   ）

4.3 进出境快件的处理

学习目标

能力目标：能够进行快件进出境业务操作与处理

知识目标：掌握快件进境和出境基本流程

工作任务

某日上午9:00，公司某快递代理交来四票快件，请结合给定材料，对快件信息进行分析，指出每票快件的分类，以及需要填写的报关单种类，填写于表4.3.1中。

1. 深圳市罗湖区××路××号，××学院李×，电话为1380000××××，需快递一份邀请函到美国纽约，要求DHL，运单号码为20091227001，运单为该代理运单，运单上注明的实际重量为0.2kg。

2. 深圳市罗湖区嘉宾路××号，××物流公司段×快递四份海运正本提单到法国马赛，要求DHL，运单号码为20091227002，运单为该代理运单，运单上注明的实际重量为0.7kg。

3. 深圳市罗湖区东门路××小区22栋1单元501，李×，电话为1367890××××，快递一盒玻璃工艺灯具样品到美国旧金山，要求DHL，运单号码1000200012001，运单为DHL运单。运单上注明的实际重量为20kg。

4. 深圳市罗湖区人民路××号××服装厂李×，电话为1380034××××，快递两箱纯棉衬衣样品（已剪破）（共30件）到巴西圣保罗，运单号码20091227003，运单为该代理运单，运单上注明的实际重量为10kg。

表4.3.1 报关单

项目	货物名称	分类	需填报关单种类
1			
2			
3			
4			

核心知识

一、进出境快件及其报关手续

进出境快件指进出境快件营运人以向客户承诺的快速的商业运作方式承揽、承运的进出境的文件、货物、物品。

进出境快件营运人是指在中华人民共和国境内依法注册、在海关备案登记的从事进出境快件营运业务的国际货物运输代理企业。

进出境快件种类：文件类快件、个人物品类快件、货物类快件。

1. 申报方式

进出境快件的营运人应当按照海关的要求采用纸质文件方式和 EDI 方式向海关办理进出境快件的报关手续。

2. 申报时限

进境快件应当自运输工具申报进境之日起 14 日内，出境快件在运输工具离境 3 小时之前，向海关申报。

3. 申报单证

（1）文件类：提交"KJ1 报关单"、总运单副本和海关需要的其他单证。

（2）个人物品类：提交"个人物品报关单"、分运单、收发件人身份证影印件。

（3）进境的货物类快件报关：

① 关税税额在人民币 50 元以下的货物和海关准予免税的货样广告品应提交"KJ2 报关单"，每一进出境快件的分运单、发票和海关需要的其他单证。

② 应税货样广告应提交"KJ3 报关单"、分运单、发票和海关需要的其他单证。

③ 其他进境货物类快件一律按进境货物相应的报关程序提交申报单证。

（4）出境的货物类快件报关：对货样、广告品应提交"KJ2 报关单"。其他出境的货物类快件，一律按出境货物相应的报关程序提交申报单证。

4. 进出境快件的查验

海关查验进出境快件时，营运人应派员到场，并负责进出境快件的搬移开拆和重封包装。

海关对进出境快件中的个人物品实施开拆查验时，营运人应通知进境快件的收件人或出境快件的发件人到场，收件人或发件人不能到场的，营运人应向海关提交其委托书，代理收、发件人的义务，并承担相应的法律责任。海关认为必要时，应对进出境快件予以开验、复验或者提取货样。

二、快递进出境流程

1. 快递出境流程

快递出境流程如图 4.3.1 所示。

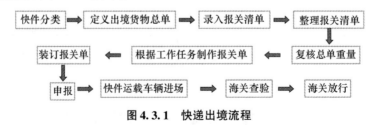

图 4.3.1　快递出境流程

（1）收件：

出境快件有两种收件形式，一种是上门收件，另一种是快件代理送货上门及快件代理通过航空或其他运输方式把快件运到国际快递企业操作部门所在城市，快递企业负责提货。上门收件前呼叫中心或接单员要问清楚快件的概况，包括大致的长宽高，大致的重量，客户所处的详细地理位置、联系电话，然后向距离客户最近的收件员派发上门收件任务单。任务单要包括快件概况，客户所处位置、联系电话。收件员根据快件的概况准备运输工具和计量工具及相关票据。上门后计量快件的计费重量、查报价单、开票、收取资费（对现金结算或偶然发件客户）、收取快件。如发现所寄物品为法律法规或公司规定禁运的物品，收件员应拒绝收货并向客户解释清楚。

本地或附近的快件代理送件上门，快递企业安排操作部门进行理货操作，计算资费，检查快件代理账户余额是否足以支付本次资费。如不足应向快件代理说明，补足资费，若某些快件暂时不走货，待补足资费以后再走货，或在快件代理的要求下退货。现结客户需要到财务部门缴付资费，操作部门凭财务部门收据或发票进行操作，发运快件。

快件代理采用空运、陆运等不同方式，运输到机场或货运站，由国际快递企业操作部门负责提货，运到公司作业部门进行操作。对月结客户或现结客户的资费收取同上。

国际快递企业一般在深圳、上海、北京及某些中心城市设立分拨中心，快件代理把快件发到分拨中心所在城市机场或货运站，由国际快递企业操作部门负责提货，操作完毕后，内地中心城市空运或陆运至深圳、上海、北京分拨中心，从深圳、上海、北京清关出境。

为保证快件准确、及时地操作运转，国际快递公司一般要求快件代理在发货前将快件分成专线件、全球件、香港件三类，并挂上吊牌。为防止因吊牌脱落而造成无法区分快件类型的情况出现，用黑色大头笔在编织袋外面注明"专线件""全球件"或"香港件"字样，并写明收件公司。务必将专线件、全球件和香港件的交接清单分别放在相应的编织袋内，并在发货预报中注明该编织袋袋号。

快件代理发出快件后，填写发货预报表，以传真或电子邮件的形式通知公司。预报表上写明发件的快件代理六位电脑代号及名称、始发城市、国内运单号码、航班号、总重量、总件数、香港到付快件的票数、号码及金额等。

（2）理货：

简单检查一下快件，注意是一票一件还是一票多件，区分全球件、专线件、香港件，并区分文件、包裹，分别贴上标志贴，测量计费重量，手工计费或系统计费。

（3）查货：

打开包裹包装，检查货物，书写英文或中文品名（英文品名格式为Sample of＋名词或名词＋Sample，如塑料盒样品的英文品名书写为Sample of plastical box或plastical box Sample），书写海关报价（格式一为USD：10/2bags@5，意思是该票快件一票两件，由2个包裹组成，每包5美元，共计10美元；格式二为USD：30/3ctn@10，意思是该票快件一票三件，由3个纸箱组成，每箱物品价值10美元，共计30美元）。封好包装，装上运单，需要换运单的要换运单，如DHL要求必须使用DHL公司的统一运单。在条码处贴渠道公司条码，如日本专线件或中东专线件。遇到一票多件的快件，运单联数不足，须复印运单，要使一票多件的快件每件外包装上都贴有运单或装有运单。

（4）分拣建立总包：

一般情况下，国际快件按照国家二字代码进行分拣，文件一般采用分拣格进行分拣，包裹一般采用周转箱或标牌分拣。

生成电子数据，传输电子数据，发到货预报，把快件按不同的营运商进行分拣、分装到不同的编织袋里。如采用 DHL 渠道的多票快件装到一个编织袋里；一票多件的快件只能装到一个编织袋里，不能分装，在编织袋外面用大头笔书写唛码。

例如：

日本专线：总包袋号 B10000101，12 票 18 件，重量 30kg，2009.8.21。

中东专线：总包袋号 B10000102，10 票 21 件，重量 28kg，共 3 袋第 1 袋，2009.8.21。

新加坡专线：总包袋号 B10000105，12 票 20 件，重量 20kg，2009.8.21。

2. 快递进境流程

（1）进境报检报关：

进境快件品名、数量、材质、报价必须符合海关、商检规定，以免快件进境清关花费过多时间，降低进境快件时效。

根据收到的国际快件到件预报在报关系统上制作电子报关单，进行电子预申报。海关电子审单，如准确无误则系统返回接受申报的提示，否则需要修改重新申报，直到海关接受电子申报为止。打印纸质报关单，准备好报关相关单证。

快件到达海关监管中心后，报关员先检查一下总包，核对一下快件，在交接单上签字完成快件交接。对于价值昂贵的快件，交接时务必要查内件数量。

交接完毕后到海关交单查验，如属于《法检目录》商品，应先报检，快递公司报关员或操作员配合海关查验后，签章放行。

（2）分拨派送：

海关查验放行后，快递企业提取、装运快件运输至分拨中心，然后分拨派送，派送环节与快件派送操作相同。

（3）信息反馈：

快件签收结果由合作伙伴或公司分部反馈给企业，企业再发给国际快递渠道公司或在国际快递渠道公司系统上录入签收信息，供客户查询。

行业动态

日前，广东邮政一次推出平包＋、粤港小包、中俄 3C 专线三种快递产品，加速抢占跨境电商市场。与此同时，国际快递企业在中国积极抢客，而国内民营快递企业也在不断建设海外仓。希望"出海"的国内快递企业尽管面临着快递巨头的竞争，但跨境电商依然为其提供了巨大的机会。

广东邮政加码跨境电商

广东省是全国跨境电商最大的货源地和店铺聚集地，广东邮政则是跨境电商最重要的物流服务企业。2014 年，广东邮政共寄出国际小包 8 182 万件，比 2013 年增长 90%，在全国各省份中排名首位。据悉，目前邮政体系主要提供国际平邮小包和挂号小包两种产品。近日，广东邮政发布"平包＋"产品，价格介于平邮和挂号之间，能够查询部分物流信息。广东邮政相关负责人表示："这能够有效地减少物流纠纷。"此外，广东邮政还推出廉价的粤港小包产品和中俄 3C 专线。据悉，其不久还会推出欧洲陆运专线。这些产品都是为了助力广东卖家从事跨境电商。

国际快递巨头来中国抢客

随着出口型跨境电商的增加，国际快递巨头正在加快在中国的布局。据了解，在大陆，TNT 已拥有 33 家分支机构、3 个国际快递口岸；FedEx 已经覆盖中国内地 200 多个城市；UPS 每周约有 200 个航班将中国与全球市场连接起来，服务网络覆盖超过 330 个城市；DHL 更是领先于其他对手，在中国市场占有率达到 40% 左右，并计划 2015 年新增 5 个分支机构和 20 个销售办事处。

国际快递巨头还不断加大对中国的投资。FedEx 把亚太转运中心设在了广州，UPS 把亚太转运中心设在了深圳，DHL 把北亚枢纽转运中心设在了上海。目前，FedEx 还在上海建设国际快件和货运中心。

国内快递企业加快"出海"

《羊城晚报》了解到，此前，国内快递企业虽然可以寄递国际快递，但一般都是作为"中介"的身份，随着国内商家需求的增加，包括圆通、韵达在内的快递企业也开始在国外重点城市建立海外仓或者开通更多国际寄递服务。

其中最积极的就是实力最为雄厚的顺丰。去年 11 月，顺丰欧洲小包服务开通；去年 12 月，顺丰开始铺路俄罗斯小包专线市场，计划今年将该业务扩展至全国；近日，顺丰又新开设了美国与澳大利亚小包专线业务，并调整了欧洲小包专线的辐射范围。

(来源：羊城晚报，2015 年 4 月 22 日)

【课后练习4.3】

一、填空题

1. 进出境快件指_____，以向客户承诺的_____商业运作方式承揽、承运的进出境的文件、货物、物品。
2. 进出境快件种类：文件类快件、_____类进出境快件、_____类进出境快件。
3. 进境快件应当自运输工具申报进境之日起_____日内，出境快件在_____之前，向海关申报。

二、判断题

1. 国际快递企业一般在深圳、上海、北京及某些中心城市设立分拨中心，快件代理把快件发到分拨中心所在城市机场或货运站，由国际快递企业操作部门负责提货，操作完毕后，内地中心城市空运或陆运至深圳、上海、北京分拨中心，从深圳、上海、北京清关出境。（　　）
2. 一般情况下，国际快件按照国家英文名称进行分拣，文件一般采用分拣格进行分拣，包裹一般采用周转箱或标牌分拣。（　　）

三、简答题

简要说明进出境快递和国内快递在操作上最大的区别。

模块五

快递运输业务

内容提要

5.1 快递运输概述
5.2 公路快件运输
5.3 航空快件运输

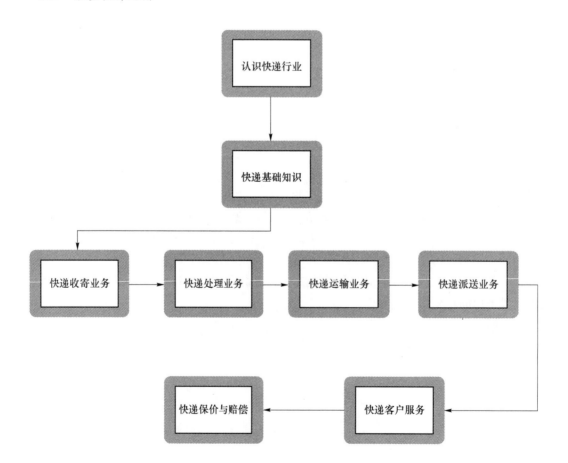

5.1 快递运输概述

学习目标

能力目标：了解各种快递运输方式的特点
知识目标：掌握快递运输作业流程

工作任务

快递运输一般是如何进行的？请结合实际生活，描述一票快递从收件到派件到收件人，中间需要经过的运输过程（考虑可能采用什么样的运输方式，具体采用哪些运输工具）。分析不同的运输方式对快递作业效率和安全的影响。

核心知识

一、快递运输认知

快递运输是指在统一组织、调度和指挥下，综合利用各种运输工具，将快件迅速有效地运达目的地的过程。简单来说，就是利用各种交通工具将快件从发件地快递运送到收件地。

它贯穿了整个快递服务过程，具有全程性、网络性、联合性的特点，是实现快递服务快速、安全、及时送达的基本保障。

二、运输路线的分类

1. 干线运输

干线运输又称区间运输，是指不同城市或不同省份的分拨中心之间的运输（距离一般不超过800km），保证各分拨中心之间的物流量可以进行中转处理。这一层面的运输多由公路运输或航空运输来完成，必要时需借助第三方运输。表 5.1.1 所示为公路和航空运输对比。

表 5.1.1 公路和航空运输对比

运输方式	优点	缺点
公路	可以实现"门到门"运输；运用灵活，富于弹性和适应性，可满足多种需求；近距离运输经济合理	运载量小，不适合大量运输；长距离运输费用高；安全性差
航空	速度快；不受地形影响；舒适、安全；使用范围广泛	运费高，不适合附加值低的货物运输；受气象条件限制；机场所在地以外的城市在利用上受到限制

2. 支线运输

支线运输又称区内运输，是指网点与网点或网点与分拨中心之间的运输，保证分拨中心对于覆盖范围内的网点之间的物流量进行内部集散，并对进出枢纽点区域的物进行中转处理。这一层面的运输一般由公路班车来实现。

3. 终端取派

在业务开始时，快递公司各地的网点派出车辆上门从发货客户处收货；在业务后端，快递公司需要派出车辆上门向收货客户派送货物。这两个层面的运输在根本上是一体的，虽然对一票货物在甲地表现为取件，在乙地表现为派件，但对于另一票货物则可能恰好相反。这一层面的运输一般由网点自行配置的交通工具来实现。

三、快递干线运输组织形式

快递干线运输的特点是运输距离长、运输量大、时效要求高。快递干线运输的组织形式有自营和第三方承运两种，如表 5.1.2 所示。

表 5.1.2　不同运输方式下的组织形式

组织形式	公路运输	航空运输
自营	自有车辆运输、契约运输	自有飞机运输
第三方承运	货运代理运输	包舱

自营快递网络干线是指快递企业自主投资开发的拥有全部使用权和全过程管理权的运输线路。第三方承运快递网络干线是指快递企业使用第三方运输资源组织干线运输，快递企业对运输过程没有直接管理权。快递运输组织形式比较如表 5.1.3 所示。

表 5.1.3　快递运输组织形式比较

组织形式	适应情况	优点	缺点
自营	实力雄厚、快件量大的大型快递企业	线路自主化、运输时效高、运输质量好，全程跟踪，易于掌握	前期投资成本大、管理成本高、风险大
第三方承运	快件量小的中小型快递企业	运输资源丰富、运输能力强、运输费率低、无须前期投资	运输质量差、时效不稳定

拓展阅读　**铁路货运改革大幕将启　中铁总增加高铁快递业务**

中国铁路总公司即将于 6 月 15 日开始启动货运改革，其运输局局长程先东透露中铁总的货运业务将从以往的六类扩至七类，高铁快递就是最新增加的货运类别。

这一表态，意味着中国铁路总公司将正式认可高铁快递。记者从中铁总公司获悉，目前高铁快递将由各路局视各自需求而定，总公司不做任何限制。

高铁将开行快递的消息立即引起所有快递公司的兴趣，各大快递公司向记者透露，已经开始研究高铁快递运营方案，并接洽各地方路局，上线高铁产品。

不过，眼下铁老大的高铁快递思路仍是无法令各快递公司满意，宅急送运营规划总监刘丹向记者表示，高铁快递要想大规模商业化，需要做出四项改进工作。他同时认可一旦高铁快递商业化运营开来，将会对快递业形成颠覆性改变。

新增高铁快递业务

2016年年底，中国高铁路网的里程已经超过9 000km，今年年内则将突破10 000km，再过两年，大致形成四纵四横的高铁网络格局。高铁发展形成网络状，不仅带来客流量的叠加效应，其高速货运的价值也急剧凸显。

6月15日开始，中国铁路总公司将进行其成立以来第一次货运组织改革，在这场市场化极浓的改革措施中，最吸引市场目光的是高铁快递终于落定，成为中铁总公司正式的货运业务。

中铁总运输局局长程先东日前在接受媒体采访时指出，目前铁路货运主要有七大业务，一是整列运输，是指货物运量较大、货源稳定均衡，能够提前确定运输需求的物资，如煤炭、石油、焦炭、金属矿石等。二是整车运输，是指货物的重量、体积或形状需要以一辆以上的货车运输的，可按整车办理运输。三是铁路快运货物班列，是指按客车化模式组织开行的列车，包括行邮专列、行包专列和五定班列。四是集装箱运输，是指符合集装箱运输条件、可按集装箱托运的货物。五是特种货物运输，是指需要使用特种车辆运输的货物，主要包括商品汽车、大件及冷藏鲜活货物运输等。六是零担货物运输，是指货物的重量、体积和形状不够整车运输条件，可按零担运输的货物。七是高铁快递，是指利用高铁确认列车和载客动车组列车，提供城际"当日达"或"次晨达"等小件包裹快运服务。

其中第七项高铁快递是铁路新增的业务形态，目前仅在部分路局中试运行。

广铁集团就是最先尝试高铁快递的路局。据广铁集团相关人士介绍，2011年5月开始，广铁站车服务中心开始了高铁快递的市场调研、产品设计与开发、市场推广与营销。2011年年底开始真正试行快递服务，利用图定列车在广州南站与长沙南站之间开展了少量快件运输业务。

随后，广铁先后组织各大知名快递公司举办了12场公开招商洽谈会，与中国邮政EMS、顺丰、力进物流、联邦快件等多家公司合作，在国内率先利用武广高铁广州南至长沙南之间的动车组检查确认车运输快件货物。今年5月9日，深圳北站也开通了至长沙南站的高铁快件业务。

广铁集团透露，目前，广州、深圳两地至长沙每天的高铁快件业务量在15t左右。

记者从该集团公开数据获悉，去年高铁快递开通70天后曾统计过，高铁确认车总计发送快件27 489件，总计421.8t，取得非运输主业收入约63.27万元。换算下来，则其高铁快递产品每件收入23.016元，或是每吨收入1 500元。

广铁集团对高铁快递的尝试很快吸引了上海铁路局、南昌铁路局、成都铁路局等路局前来取经，并开始在各自路局上进行尝试。中铁总公司内部人士告诉记者，目前半数以上的路局已经开展或者正准备开展高铁快递工作。

商业化障碍

高铁快递前景被业界看好。顺丰快递高管曾向记者表示，如果高铁快递形成规模化运营，仅京沪高铁一条货运线，顺丰一家就可提供超过200t的运量。

宅急送运营规划总监刘丹亦认为，高铁快递的货舱是不愁买家的，因为其提供了颠覆性的产品，高铁的商业运营也将会对整个快递产品带来颠覆性的改变。

首先在于，500~1 500km的中距离快递产品的时效性和性价比都将大大提升。原本这些距离里的快递产品走航空处境颇为尴尬，航班时间虽然只需要一小时，但是航班起飞前两小时需要做好送达准备，落地后两小时才能拿到货物运转，如此算来得五个小时以上。相比较之下，若是走高铁，前后仅需不到五个小时，价格还比航空低近一半。

刘丹认为高铁的第二个颠覆性改变可能是创造出大同城快递产品，短距离的苏浙沪、京津石、环渤海、珠三角等地快递产品都可以做到上午取件，下午就送达的当日件。刘丹认为，届时整个中国快递服务的标准和质量都将上一个大台阶。

但面对这样美妙的前景，各大快递公司也有自己的担忧。

记者了解到，除了顺丰、EMS先期试水，申通、圆通、宅急送等快递仍在门口观望。顺丰快递的内部人士向记者透露，虽然顺丰已经开始运行高铁快递产品，但是业务量极少，并未形成规模。而且，从目前试水的状况来看，也并不尽如人意。

目前，顺丰等快递公司只能利用凌晨四点一班检查确认车来运送快件，其他时间段要想运送快件，则需要人带着快件上车送件，规模有限，每趟的成本极高，并不是很划算。

这恰恰是目前高铁快递发展最为真实的窘境。

宅急送运营规划总监刘丹透露，该公司从上周才开始与北京铁路局接洽，准备从总部层面正式对高铁快递的运营合作进行沟通与洽谈。不过，在此之前，宅急送亦一直关注其他公司先期对高铁快递产品的试水状况。

刘丹认为，铁路准备进行的货运改革广受市场推崇，但是高铁快递产品能否真正实现商业化运营，还需要突破多个障碍。他指出，铁路局需要提供稳定的高铁快递货仓容量给社会，并明确货物上下站的时间，另外，货物的交接流程也需要标准化，有高铁快递专用的货运通道或绿色通道，其安检流程也需要简化，最后是明确相对合理的价格区间。他还指出，铁路部门需要考虑加挂专门的高铁货运车辆，专门的车辆设计才能方便更快地装卸货物。

上述几点，无疑需要铁路部门对现有客货运流程进行改造和重新设计，包括运输车辆的设计和采购。会不会因此加重铁路的投资负担？答案是肯定的。因此下一个问题，又该是铁路局如何筹钱走出高铁快递困局。

（来源：21世纪经济报道，2013年6月14日）

【课后练习5.1】

一、填空题

1. 快递运输贯穿了整个快递服务过程，具有＿＿＿＿、＿＿＿＿、＿＿＿＿的特点，是实现快递服务快速、安全、及时送达的基本保障。
2. 快递运输路线可以分为干线运输、＿＿＿＿和＿＿＿＿。
3. 快递干线运输的特点是：＿＿＿＿、运输量大、＿＿＿＿。
4. 快递干线运输的组织形式有自营和＿＿＿＿两种。

二、简答题

列举你见过的快递运输工具，它们分别适用于什么阶段或类别的快递运输？

5.2 公路快件运输

学习目标

能力目标： 能够规范地进行汽车运输快件交接和封签管理，能正确应对快递公路运输出现的异常情况

知识目标： 了解汽车运输快件交接步骤，掌握封签管理流程与要求

工作任务

作为 JX 快递公司在华东地区主要的快件分拨中心，TC 分拨中心的管理人员需要对到达中心及离开中心的快递公路运输车辆进行管理，其中封签管理是非常重要的内容。快递运输车辆的封签管理包括哪些方面？具体流程如何？请帮助 TC 分拨中心负责人制定合理的《车辆封签管理规定》。

核心知识

一、公路运输管理

（一）车辆配备

车辆配备，是指在对运输需求以及影响运输的各种因素充分考虑的基础上，恰当地选择车型，合理地调配车辆，最大限度地减少装载空间及运力的浪费。车型选择如图 5.2.1 所示。

【思考讨论】在进行车型选择时有哪些考虑因素？比如：中转站与邻近的火车站、飞机场间应采用的车辆类型。

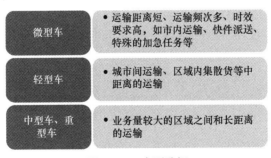

图 5.2.1 车型选择

（二）车辆调度

车辆调度是指为保证快件及时到达，通过对快件预报的分析，了解各快件作业环节的运输需求，对车辆、驾驶员进行合理调配，下达运输任务，并对运输过程进行监控管理，确保运输准时、有序地进行。

（1）编制车辆运行作业计划。

（2）进行现场调度。
（3）进行实时车辆监督。
（4）检查计划执行情况。

（三）运输过程

快递公路运输的基本流程包括发车出站、货物运送和运达卸货等（图5.2.2）。

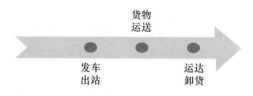

图 5.2.2　运输过程

1. 发车出站

（1）内场操作员按照装卸流程操作完毕，确认没有快件遗漏后，司机关闭车门上锁，调度员亲自将封签上锁并对车辆牌号和车线编号进行扫描。

（2）由调度员查看车辆装卸方位，通知驾驶员起动车辆。

（3）驾驶员起动车辆，离开停仓位，在站内进行称重，随后出站。

2. 货物运送

（1）在运送货物的过程中，驾驶员必须按照规定的行驶线路运行车辆，同时做好运货途中的行车安全工作。既要保证货物完好无损、无漏失，又要注意车辆技术状况完好。

（2）行驶过程中若有特殊情况（如堵车、大雾、事故等），必须马上联系告知下个目的站点的调度员及车辆准点监督员，并采取相应的处理方法。

（3）调度人员应做好线路车辆运行的管理工作，掌握各运输车辆的工作进度，及时处理车辆运输过程中临时出现的各类问题，保证车辆日运行作业计划的充分实施。

3. 运达卸货

（1）进站的快件运输车辆准确停靠到位，调度员收集路桥票据并核对车牌号码，完成车辆牌号和车线编号的扫描工作。

（2）调度员检查车门是否上锁，车辆封签是否完好，卫星定位系统记录是否正常。

（3）调度员对封签进行扫描，回收封签并保存在固定地点。

（4）打开车门后，及时对保价物品进行交接，检查总包是否有破损等异常现象，随后按相关流程完成卸车工作。

（四）封签管理

封签在汽车运输中起着非常重要的作用，车辆装货完毕后，必须由司机将车门上锁，由调度员上封签方可发车，司机在行驶过程中必须保证封签不掉落、不损坏，到达目的站点后再由调度员解锁，目的站点的调度员通过检查班车的封签完好与否来判断运输途中车门是否被打开。封签是快件安全抵达的一个重要考核依据。图5.2.3所示为车辆封签。

（1）封签发放。封签由快递企业汽运部专人发放，各分拨中心负责盘查封签和发车凭证的人员必须在规定时间前上传封签凭证统计表，调度员收到新的封签和凭证后及时查看实际数量与发放数量，若不符应联系物料部说明相关问题。

（2）封签上锁。分拨中心车辆装货完毕后，首先由司机将车门关闭上锁，然后调度员亲自将封签上锁并做好扫描工作，除调度员外的其他人一概没有权利给车辆上封签锁（特殊情况：调度员上完晚班后，车辆是白天到达的，站长可安排相关人员负责解锁，此期间的责任完全由站长和相关负责人承担）。

（3）封签行驶途中。司机在行驶过程中必须保证封签不掉落、不损坏（特殊情况例外：下雨被冲走，车坏私自解锁，车被扣压）。到达分拨中心后，司机应及时与调度员取得联系，让其在第一时间内将封签解锁，不允许司机私自解锁或找理由将封签解开，如遇调度员不在分拨中心，可与站长取得联系，让站长安排相关操作人员解锁。

（4）封签解锁。车辆到达分拨中心后，调度员第一时间内查看封签是否完好无损，然后亲自为车辆解封签锁。若车辆没有封签条形码或者封车条，应问清楚封签丢失的具体原因，并做好书面记录。同时，应用数码相机把相关车辆和封签拍好照片后上传到汽运部相关负责人处。

（5）封签扫描。每天做发车凭证和封签始发扫描时，应仔细查看条形码和封车条的完整性。在进行封签条形码录入时必须用有线扫描枪。录入时封签号码必须连号，选择车牌号与车线时必须先核对，没有有线扫描枪的分拨中心应及时联系相关部门。

（6）封签回收处理。对于当天收集回来报废的封签，必须当天晚上做好整理，发回汽运部。

图 5.2.3　车辆封签

二、公路运输异常情况

（一）爆仓

爆仓指快递公司突然间收到太多快件，班车无法装载下快件，导致大量快件滞留在始发站，或者中转站。

（二）班车迟到

根据班车的运输路程，快递公司汽运部对每辆班车的运输时间都有一个初步的估定，若班车没有在预定的时间内到达集散中心，则视为班车迟到。

（三）班车晚发

班车若超过快递公司所规定的出发时间，则视为班车迟发。

（四）班车事故

班车在行驶途中，难免会遇上意外事故，例如天气原因（大雪、洪水、台风）导致的交通瘫痪，或是交通事故、车辆故障等导致班车无法再行驶。

行业动态　深圳启动史上最严"禁摩限电"令　快递受重创

据中国之声《新闻纵横》报道，近日，一场被称为史上最严厉的"禁摩限电"整治行动在深圳进行，重点打击在地铁口、公交站点、口岸和商业区等聚集非法拉客违法行为，此外，还将对严重超标、没有牌照的电动车、摩托车进行查处。

此举一出，深圳的快递行业从业人员纷纷表示不满，有媒体报道，多家快递企业数百辆三轮车被查扣，数十名快递员被拘留，甚至出现了因查扣三轮车快递员与交警发生冲突的情况。尽管深圳市交警局做出回应，称："禁摩限电"并非只针对快递行业。但是一时间，严重倚赖电动三轮车送货的深圳快递企业还是陷入了无车可用、大量快件积压的尴尬境地。

这场针对摩托车、电动车的集中整治，暴露了快递行业车辆使用的哪些问题？尴尬的电三轮，如何更好地融入城市交通体系？

深圳一家快递公司的快递员告诉记者，虽然自己公司还没有被查扣的三轮车，但现在每天也是提心吊胆。

另一家公司的一位快递员表示，从3月份开始的集中整治，的确对快递企业造成了影响。这名快递员表示，自己公司最近就有部分电动三轮车被查扣，甚至有的快递员被拘留，而目前公司送货的车辆以电动三轮车为主，提起此次清理整治，电动三轮车车主心中也有苦衷。"主要送货的都是三轮车，目前快递量非常大，有一些是大件的东西，通过两轮车根本没办法送到那个小区，面包车也开不进去。"

某公司快递员告诉记者，由于深圳等地近期正在严查电动车，扣车情况屡有发生，所以他们的快递业务受到影响，不少快件送货被延迟。

而因为担心三轮车被扣，这名快递员所在站点的几位同事都有了辞职的打算。他说出了其中的原因："若被抓住，我们的货就会被扣了，而丢掉一件货我们就要赔一千元，我们这些外来的打工者哪有那么多赔给客户。"

据了解，按照规定，快递公司应通过邮政部门向交管部门报备快递车辆，但相关业内人士表示，因配给数额、人员流动等方面的不足，仍有不少快递员使用电动自行车。这部分电动车很多都超过了相关标准，很多都属于集中清理整顿之列。

据了解，深圳交警此次开展大规模的"禁摩限电"的整治行动，是源于深圳市去年因违规电动三轮车大量运行而引发大量交通事故。近几年，各个城市的电动自行车和三轮车保有量在不断增加，根据交管部门提供的数据显示，电动车确实极易造成交通事故。针对电动车的乱象，全国多地此前都采取了不同程度的限制措施。

按照深圳交警的说法，快递企业使用不在"配额"管理范围之内的电动车派送快件，是"明知故犯"；而在快递企业看来，中国快递"最后一公里"90%以上的配送，是由电动三轮车和两轮车完成的。交警部门发放的车辆配额显然是"僧多粥少"。

一边是快递行业的迅猛发展，一边是各地对电动车越发严格的管控措施，在国家对于快递行业使用电动车仍然缺乏统一标准的情况下，这一对矛盾该如何解决？是"一刀切"的禁止还是赋予其合法身份？

据了解，根据深圳市"城市管理治理年"和市"禁摩限电"联席会议统一部署，从3月21日开始，深圳交警会同各区公安分局、派出所开展了此次新一轮的"禁摩限电"集中整治。根据深圳警方的通报称，此次集中整治，重点打击在地铁口、公交站点、口岸、商业区等电动车聚集非法拉客的违法行为。行动开展10天以来，各单位共查扣电动车17 975辆、拘留874人、采集非法拉客人员771人次。深圳市交警局指挥处勤务科科长丁岩冰表示,自开展集中整治行动以来交通事故明显下降:事故警情同比下降了5%。交通事故涉及摩托车电动车的死亡人数,也同比下降了40%。

从4月1日起,对违规使用电动(机动)三轮车的重点区域、重点企业进行摸底排查和宣传引导,并设立15天的教育过渡期。4月16日起,对违规上路的电动(机动)三轮车一律查扣,应拘留的一律拘留。

深圳市交警局表示,深圳市"限电"措施推出之初,市政府曾召开加强电动自行车管理工作专题会议,对邮政、快递等行业所使用的电动自行车,采取总量控制原则,统一载物托架和车身颜色,之后允许上路行驶。目前快递业拥有备案车辆近1.3万辆,占所有行业总数的34%。下一步还将增加对特殊行业的牌照配额。丁岩冰介绍,目前,全市的特殊行业备案车辆已经达到了3.8万辆,对于快递行业,考虑增加5 000辆。

在国务院发展研究中心产业经济研究部研究员、中国物流学会副会长魏际刚看来,目前我国的快递业快速发展,但使用的配送车型滞后于行业发展。目前配送快递车辆没有统一车型,也没有统一的标准,呈现混合发展多元的状态。

魏际刚表示,目前由于国家对快递行业使用电动车缺乏统一的标准,而各地方自行制定的规定又不统一,所以快递三轮车才面临如此尴尬的境遇,政府可以制定标准,但这个标准一定能够被社会认可。

魏际刚认为,把快递行业的电动三轮车都纳入交管部门的监管体系,并且赋予其合法身份,这是可以实现的。

从城市治理的角度来看,"禁摩限电"无疑具有正当性,而兼顾快递行业良性发展的需求,也是城市发展的题中之义。简单粗暴的执法并不能解决问题,从源头上遏制才是解决之道。

昨天,广东省邮政管理局网站发布消息表示,深圳市局正积极向有关部门争取支持政策,在目前全市13 000多辆两轮电单车配额的基础上,再申请增加配额,同时,积极争取快递小面包车载货的合法化,并联合快递协会,调研快递绿色能源车辆、智能快件箱的使用,探索更加合理的路径去实现发展。

(来源:央广网,2016年4月2日)

5.3 航空快件运输

学习目标

能力目标:能够正确应对航空快递运输出现的异常情况

知识目标:了解航空运输作业流程

工作任务

2017年4月17日,顺丰速运宣布顺丰航空有限公司第17架B757-200型全货机平稳飞抵深圳宝安国际机场,加入顺丰机队。至此,顺丰航空全货机数量增长至39架,是目前国内运营全货机数量最多的货运航空公司。此外,顺丰在湖北鄂州的机场也将于今年正式开建。今年2月,湖北鄂州发布的《政府工作报告》显示,2017年鄂州将开始建设湖北国际物流枢纽机场，确保大型飞机在2020年起飞。2016年4月6日，民航局正式同意将湖北鄂州燕矶作为顺丰机场的推荐场址。该项目包括4E级全货机机场、物流运输基地和产业园，目标是建成全球第四、亚洲第一的航空物流枢纽。顺丰速运为什么要投巨资买入飞机甚至投建机场来发展航空快递运输呢？快递航空运输的优势在哪里？

（文章写自2017年4月17日）

核心知识

一、航空运输作业流程

国内的快递企业大多采用集中托运，即将货物交付给代理公司，其统一向航空公司办理托运的形式来进行航空货物运输。其工作流程可分为以下几个步骤。

(1) 收件网点收取航空快件后，在规定时间运转到各自区域的分拨中心。

(2) 始发分拨中心对应目的地分拣货物，确定对应机场发货总量和外包装件数。

(3) 始发分拨中心向航空代理预订舱位，并将航空货物交给航空代理。

(4) 航空代理接到始发分拨中心的订舱资料后，根据分拨中心的规定时效，对应向航空公司预订舱位。

(5) 航空公司批舱后，航空代理在对应的航班起飞前3小时内交机场主单，起飞前2小时内过完安检。

(6) 航空代理将对应的机场资料交给始发分拨中心，始发分拨中心向目的分拨中心发送相应的资料。

(7) 物到达目的地后，暂由航空代理代为收取。

(8) 分拨中心接收到预报后，在飞机落地后的2~3小时内派人提取货物。

(9) 提货者提取货物后，首先核对货物信息是否与始发分拨中心所发送的资料相符，若有不符，应立即上报。

(10) 货物核对正确后，由目的分拨中心进行分拣，再运到各派送点安排派送。

整个工作流程根据货物在发货地与收货地的状态不同，可分为出港（图5.3.1）和进港（图5.3.2）两个过程。

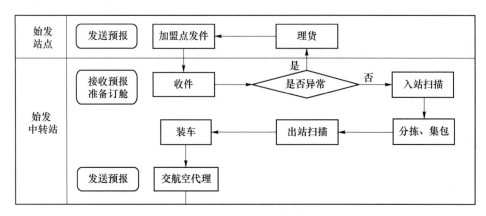

图5.3.1 空运快递出港流程

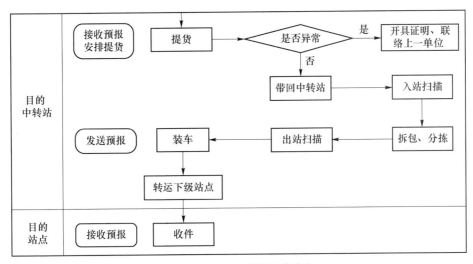

图 5.3.2 空运快递进港流程

二、航空运输异常情况

航空运输的异常情况主要分为航班提货异常情况和航班交货异常情况。

（一）航班提货异常情况

航班提货异常情况主要是指提货员在提货时发生的一些异常情况，主要有以下几种。

1. 航班拉货

（1）全部拉货：进出港联络员及时跟进后续航班配载情况，积极协调配载下一个航班。

（2）部分拉货：进出港联络员同航空公司地面部门沟通，优先提取先到的货物，避免整批货物延误。

2. 无单无货

提货员立即转告进出港联络员，由进出港联络员联系上一环节的操作单位，确定新的航班信息。

3. 有单无货

提货员立即转告进出港联络员，由进出港联络员联系上一环节的操作单位，确定新的航班信息。

4. 有货无单

提货员立即转告进出港联络员，进出港联络员即刻与上一环节的操作单位确认货物和单据情况，上一环节的操作单位须马上协调航空公司，拍发航空公司内部电报，并将内部电报号转告进出港联络员，以便及时提出货物。

5. 到货件数多于运单显示件数

实际到达货物多于航空运单上显示的件数时，航空公司不允许提货。此时，提货员应立即转告进出港联络员，联络员即刻通过上一环节的操作单位，请其通过航空公司电报更改航空运单件数，并将电报号转告本集散中心进出港联络员，以便及时提出货物。

6. 到货件数少于运单显示件数

实际到达货物少于航空运单上显示的件数时，提货员需与航空公司的地面服务人员积极配合，仔细寻找各库区及异常货物堆放区域有无本公司的货物。同时通过进出港联络员，请其向上一操作单位确认应到货数量，如果数量有误，而又搜寻无果，则先将已到货物全部提出，在提货时再针对缺少的货物要求相关部门开立"异常情况货物证明"，并加盖公章，同时向上级汇报该情况。

7. 货物破损

提货员立即要求提货处开具"异常情况货物证明"或"航空货物破损证明"，内容须详细描述货物状况，并加盖公章。对已破损的货物合理安排装车，轻拿轻放，避免再次受到挤压或碰撞；对疑似丢失货物要清点其内装件数，回站后将情况通知上级和内场操作员，在上级的监督下对实物拍照，并对包装进行修补或加固。

8. 货物受潮

提货员立即要求提货处填写"异常情况货物证明"或"航空货物受潮证明"，内容须详细描述货物状况，并加盖公章。对于受潮严重的货物，回站后要将情况通知上级和内场操作员，在上级监督下对实物拍照，然后将货物晾干或擦干并更换外包装。

9. 货物丢失

提货员立即要求提货处填写"异常情况货物证明"或"航空货物运输异常证明"，内容须详细描述货物状况，并加盖公章。

（二）航班交货异常情况

航班交货异常情况主要是指发货时发生的一些异常情况，主要有以下几种。

（1）预订航班出现异常。

（2）无法准时交运。

（3）未过安检。

（4）危险品被没收。

行业动态

京东建成全球首个无人机运营调度中心，全力加速智慧物流落地

2017年6月6日，全球首个无人机运营调度中心——京东智慧物流全国运营调度中心在宿迁正式落成并投入使用。该中心的建成，标志着京东无人机常态化运营将逐步开展，无人机项目已进入实际应用的快车道，更多的乡村用户可以享受到便捷的"最后一公里"配送服务。此举也进一步完善了京东智慧物流体系的建设，实现了智慧物流项目全面落地运营（图5.3.3）。

图5.3.3　京东智慧物流全国运营调度中心

率先落地运营，京东"无人黑科技"战场捷报频传

京东集团副总裁×事业部总裁肖军表示：在今年的"618"期间，无人机、无人车、无人仓等都将投入实际的运营，2017年京东智慧物流项目将全面开花，启动大规模落地应用。消费者在"618"期间下单，在收件时发现"快递小哥"是一架无人机或者一辆无人车时，可千万不要感到惊讶。不仅在末端配送方面有了诸多实质性进展，而且在无人机物流体系的搭建方面，京东也规划了干线、支线、终端三级网络，在全球范围内创造性地解决了无人机在商用和物流领域内落地的难题。

此次京东建成的智慧物流全国运营调度中心，坐落在宿迁电子商务产业园区，是京东智慧物流全国示范基地的一部分，该基地集京东黑科技——无人机的测试、培训、展览等多项功能于一体，也是全球首个智慧物流行业专业测试场地。京东配送货物的无人机正是在这里经历了无数次试验，迅速走向成熟，并将从6月开始进入正式的常态化运营。

调度中心起落忙，人才技术来护航

在京东智慧物流全国运营调度中心，京东无人机技术人员都在忙碌而有序地工作着。一边停机坪上的无人机带着货物升起，另一边又有完成配送任务的无人机返航降落；地勤工程师对无人机进行检查、维护、充电。据了解，"618"期间，京东无人机将在宿迁部分地区实现常态化运营。

在调度中心的监控大屏幕上，每一架无人机的坐标位置和飞行参数都清晰可见，这就是京东自主研发的无人机飞控中心，在这里工作人员对航线、配送无人机的性能和状态、订单数据等进行全面管理与实时监控。京东无人机项目负责人刘艳光表示，京东无人机运营调度中心的亮点是无人机飞控技术平台的应用，这一技术平台具有重要的战略意义，保障了飞行的安全性及运送便捷准确性，是无人机大规模商用的技术基础。

配送无人机不只是单纯的配送工具或者飞行器，有了基于人工智能的飞控中心调度，才最终会实现包括无人机自动装载、起飞、巡航、着陆、卸货、配送、返航等覆盖配送全流程的一系列智慧化动作。京东×事业部程晓磊博士介绍说："无人机、飞控系统和调度中心的开发和建设是非常艰辛和漫长的，但大家都怀揣着飞行梦，一直保持着高昂的斗志，正因为这样，才有了今天的这些落地成果。"

京东×事业部组建至今，已累计申请百余项专利，并且在飞行控制、主动避障、智能化和集群飞行等方面积累了大量技术，更是为智慧物流领域培养出百余名专业人才，甚至被称为智慧物流领域的"黄埔军校"。智慧物流在京东的萌芽、发展、落地，并不是单独的机型研发和试飞测试，而是在不断推进智慧物流体系生态链中的每一个环节，从研发到测试，从技术到人才，直至正式的常态化落地运营。不难看出，京东在智慧物流领域中规划的三级无人机通航物流体系正在一步步地布局并落实，京东智慧物流带动社会效率的提升和生活方式的革命与进步，正在成为现实。

（资料来源：http://www.techweb.com.cn/news/2017-06-07/2532268.shtml，2017年6月7日）

模块六

快递派送业务

内容提要

6.1 派前准备工作
6.2 派送服务流程
6.3 派件异常处理

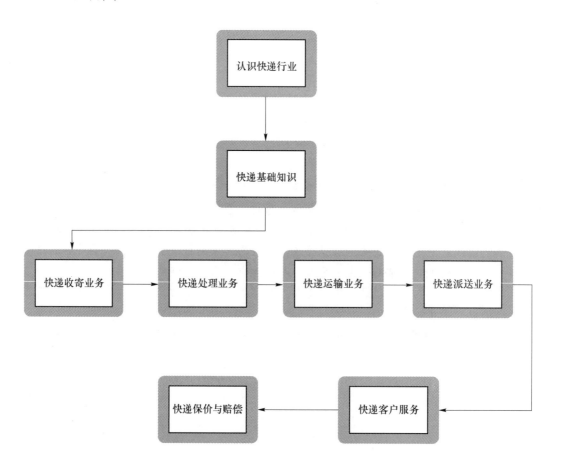

6.1 派前准备工作

学习目标

能力目标：能够做好派前准备和快件交接工作，能够合理进行派件路线规划

知识目标：了解快递派送的基本要求，掌握派件前需要做的准备工作，了解快件装车捆绑的注意事项

工作任务

分任务一：派件准备

小王是"路路通"快递公司中山网点的派件员，他每天都按时到营业网点上班，开始一天的派送工作。在开始派送快件之前，他总会认真地做一番准备工作，以便当天的派件工作更加顺畅。今天早上他被通知有派件任务，可快件处理中心的快件分拣工作还没结束。在这段时间里，他开始忙碌于派件准备。假如你是小王，需要做好哪些准备工作？把小王的工作内容与步骤写出来。

分任务二：派送快件交接

今天早上，快件已经在处理中心分拣完毕了。派件员小德主要负责中山阜沙区域的快件派送，根据分拣结果共有9票。现在，他正和快件处理中心的工作人员办理交接手续。假如你是小德，快件交接时应做哪些事情？有哪些需要特别注意的地方？

667053223104，从北京寄往广东中山市阜沙镇壹加壹35号，保温瓶3个，3.4kg

468974762062，从重庆寄往广东中山市阜沙镇上南村2号，衣服2件，1.2kg

368765032752，从上海浦东寄往广东中山市阜沙镇大南村4巷1号，陶瓷1个，2.4kg，易碎品且保价

568809423846，从南昌寄往广东中山市阜沙镇大有村59号，手机1部，0.7kg，保价（快递单模糊）

368765032752，从顺德寄往中山市阜沙镇天盛花园三期，微波炉1台，4.3kg

368497193927，从青岛寄往广东中山市阜沙镇牛角村4号，网球拍1副，1.8kg（包装破损）

268933164983，从杭州寄往广东中山市阜沙镇大有村10号，丝巾5条，0.4kg

368580811015，从广州寄往中山市阜沙镇阜沙市场对面1号，奶粉2罐，2kg（轻微渗漏）

468141002888，从乌鲁木齐寄往中山市阜沙镇卫民村8号，红枣2包，1kg

分任务三：派送规划

根据派送快件的情况，合理安排派送路线，骑自行车派送。

A点为派送员所在地点，B点需要派送一票1小时内到达的快件，E点需要派送一票价

值昂贵的快件，F点需要派送一票普通包裹，C点需要派送一票文件，D点需要派送一票普通包裹。各点间箭头上的数字代表派送需要的时间（图6.1.1）。

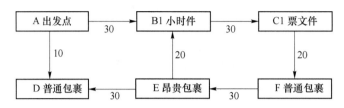

图 6.1.1　派送规划（单位：分）

核心知识

一、派送基本知识

派送是指快递服务组织将快件递送到收件人或指定地点并获得签收的过程。

派送的基本要求包括：

1. 派送时间

快递服务组织的投递时间应不超出向顾客承诺的服务时限或按照约定的时间投递。

2. 人员着装

负责投递的快递服务人员应统一穿着具有组织标识的服装，并佩戴工号牌或胸卡。

3. 投递次数

快递服务组织应对快件提供至少两次免费投递。

投递两次未能投交的快件，收件人仍需要快递服务组织投递的，快递服务组织可以收取额外费用，但应事先告知收件人费用标准。

4. 快件签收

快件签收时应满足以下要求：

① 快递服务人员将快件交给收件人时，应有义务告知收件人当面验收快件。

② 若收件人本人无法签收时，快递服务人员可与收件人（寄件人）沟通，经允许后，采用代收方式，也应告知代收人的代收责任。

③ 与寄件人或收件人另有约定的应从约定。

验收无异议后，验收人应确认签收。

拒绝签收的，验收人应在快递运单等有效单据上注明拒收的原因和时间，并签名。

快递自取的方式主要适用于以下几种情况：

① 投递两次仍无法投递的快件，可由收件人到指定地点自取；

② 相关政府部门（如海关、公安等）提出要求的，可由收件人到指定地点自取；

③ 收件地址属于尚未开通快递服务的区域，通过与寄件人协商，可采用收件人到指定地点自取的方式。

5. 费用与单据

签收人支付费用时，快递服务人员应将与服务费同等金额的发票交给签收人。

二、派送前的准备工作

派送前的准备工作包括以下几个方面：

1. 运输工具和相关用品的准备

运输工具关系到派送人员的行车安全，派件人员在出发前应仔细检查电动车、摩托车或汽车等交通工具的外观、内部、行车安全、相关证件等方面。

派送前还应准备好快件搬运工具、派件辅助工具和移动扫描工具，并做好检查工作。快件搬运工具主要指手推车。派件辅助工具包括个人证件、挎包、便携式电子秤、绑带、雨布雨具、纸笔、小刀等。巴枪等移动扫描设备要保证电量充足、能正确读取信息等。

2. 个人仪容仪表准备

派送人员的仪容仪表代表着快递公司的形象和风貌，因此派件人员在派送前应整理好着装，身着企业统一制服，佩戴工作牌，整理好个人仪容仪表，调整好自己的心态和情绪，保持良好的精神风貌。

3. 快件交接

① 操作人员将快件唱数给业务员（点数交接），数量确实多的，可以当业务员的面，逐票扫描。

② 业务员清点快件数量并核对是否有外包装破损、分错件、地址错误、超范围、件数明显有误、到付价格明显有问题等异常快件。

③ 数量确认无误后交接，双方在《派件表》上签名确认。

4. 派件规划

派件规划是指业务员根据所接收快件的派送地址，结合自己所管辖的服务区域，合理安排派送线路。在进行路线规划时，要充分考虑快件重量、价值、是否有特殊时限要求等，先重后轻，先大后小，尽量减少空白里程。要优先派送的快件类型有：时限要求高的快件、保价快件和二次派送的快件。

三、快件装车捆绑注意事项

派件员在出发派件前，需要根据派送线路，将快件按顺序整理装车。为了防止快件在装运过程中散落、遗失，业务员须将一件或多件快件用捆扎材料扎紧，固定为一个集装单元，或者固定捆绑在运输工具上。在捆扎快件时，应根据快件的数量、重量以及体积，结合装运快件的工具（如托盘、包袋、手推车等），合理确定捆扎方式。

1. 体积较小的快件

对于文件封或牛皮纸袋包装的快件，派送应采用集装的方式，即将快件排序整理后装进随时携带的背包或挎包内。体积较小，能装进背包或挎包的其他包装快件，也应排序整理后与文件封包装的快件一起装运。注意，背包或挎包的袋口应该封上，如袋口有绳子，将绳子拉紧，打上蝴蝶结或反手结，既便于解开，又可避免快件掉出、淋湿或被盗。

2. 体积小但无法装进背包或挎包的快件

按照派送顺序整理，将派送到同一地址或相近地址的快件，叠放在一起，使用布带等将其捆绑，便于上门派送时携带。

如业务员有较大的集装袋，可将快件排序后整齐地摆放在集装袋内，整理摆放快件时必须按照"先派后装、重不压轻"的原则,体积和重量相近的快件集装在同一袋内。体积很大或重量很大的快件须单独捆扎,避免压坏袋中其他快件。使用集装袋装载快件可以省去捆绑的麻烦,也便于快件的携带。

如业务员的交通工具为摩托车,也可将快件放置在摩托车尾箱中。但必须注意,在人离开车时要将尾箱锁好。

3. 体积大或重量较重的快件

这类快件无法集装,需要使用绑带直接将快件捆扎到交通工具上。

捆扎注意事项:

① 捆扎前,检查快件的重心是否偏移,如重心偏移,必须重新摆放快件再进行捆扎。捆扎时,也应注意对快件进行轻重搭配,保持运载工具平衡,避免重心偏移。

② 注意捆扎力度,须确保快件捆扎牢固,同时,力度也不要太大,避免勒坏快件包装。

③ 在雨雪雾天气,捆扎快件时,注意在快件上加盖防雨用具,如雨布、雨衣、塑料薄膜等。

④ 如为不规则快件,注意捆扎方式。如快件较长,注意与车辆长度平行捆扎,不能横着捆扎,阻碍路人或车辆行走。

⑤ 对于特别大、特别重的,超出业务员运载能力的快件,应由专门的派送车辆和人员负责。

⑥ 表面有突出钉、钩、刺的快件,需要单独携带,不得与其他快件捆扎。

【课后练习6.1】

一、填空题

1. 派送是指快递服务组织将快件递送到收件人或_____并获得_____的过程。
2. 快递服务组织应对快件提供至少_____次免费投递。
3. 派送前的准备工作包括以下几个方面:_____、_____、_____和派件规划。

二、判断题

1. 如业务员有较大的集装袋,可将快件排序后整齐地摆放在集装袋内,整理摆放快件时必须按照"先派后装、重不压轻"的原则,体积和重量相近的快件集装在同一袋内。(   )

2. 如为不规则快件,注意捆扎方式,如快件较长,注意与车辆宽度平行捆扎,不能横着捆扎,阻碍路人或车辆行走。(   )

6.2 派送服务流程

学习目标

能力目标:掌握派件服务中的注意事项

知识目标:了解派件服务流程

工作任务

今天派件员小辉共有10票快件需要派送,可这些快件分属阜沙镇不同区,其中1票是自提件，2 票是到付件，其他为普通件。假如你是小辉，上门派送服务有哪些步骤？需要注意些什么？

核心知识

派送服务流程包括以下步骤：送件上门，检验客户信息，提示客户验收快件，缴交款项，指导客户签收，签收信息反馈。其中需要特别注意的有以下几方面内容。

一、货物签收要求

（1）货物签收前一定要仔细看工作单上"重要提示"的操作要求。有特殊操作要求的严格按操作要求操作。

（2）提示客户检查货物外包装，若外包装无明显破损，请客户签收货物；同时，将签收联撕下装好带走。

（3）签收。

① 本人签收：核实客户身份或提供有效身份证件，居民身份证、户口簿、护照、驾驶证等是客户领取快件的有效证件。

② 非本人签收：必须让代签人出示有效身份证件、签上代签人的身份证号并在现场与收货人联系，收货人确认代收人后方可将货物交给代收人。公章签收时，派送人必须让收件人出示公章并盖到签收联处方可交货。

（4）客户签收后，必须在 5 分钟内通过手机短信或相关通信工具回传签收信息，如工作单号、签收人姓名。

二、签收注意事项

（1）查看证件。签收人必须出示本人身份证件，非本人签收须电话联系客户确认，并由代签人出示身份证并签上代签人的身份证号和姓名。

（2）清点件数。派送货物时必须查看货物是否齐全，项目客户批量派送时不得分票派送，零散业务等根据客户要求操作。

（3）贵重物品交接。贵重物品（手机、电子产品等）在出库派送时，必须单独与出库人员进行交接签字确认。

（4）到付代收。到付代收货物派送前一定要与派送单核对款项是否相同，有异常及时反馈调度。到达客户处后必须先收到付、代收款后再签字交货。

（5）检查外包装。派送货物时必须查看货物外包装是否完好，避免到达客户处货物出现异常情况。

三、返单

营业厅、点必须在货物签收后当日录入返单信息返回本部签单科，若有特殊原因最迟于次日上午 12 点前到达签单科；客户原单（清单）在客户签收后，应与签收联装订在一起，并在原单右上角书写单号，一并返回分公司签单科。

（1）检查单据。签单上的签收信息是否符合要求；返回的签单必须有签收人/签收时间（精确到分）；签单上的签收人是否与系统中的一致。

（2）签单分类。营业厅、点派送完货物以后，将签单整理好，应将总公司与分公司自行保存的工作单分开放，并将两边的毛边剪掉。总公司的单子要将条形码上面的白边裁掉，单子上不能有钉，损坏的单子要用胶带粘好，用橡皮筋捆好后派送回本部。

原单返回注意事项：

（1）接收出现异常必须反馈。本部签单管理员接收营业厅、点返回的签单时，如果发现有记录无单或有单无记录的情况必须当时反馈，否则，出现的问题由本部签单管理员负责。

（2）签单在派送方丢失，一切损失由派送方承担。

① 如果派送方本部在信息系统中有签单接收记录，且没有任何异常情况，就视为签单正常返回。如果出现签单联丢失，责任由派送方承担，具体责任人为本部签单管理员和操作部经理，没有操作部经理的由分公司总经理承担。

② 在派送时如果没有客户原单，要及时在信息系统中做好异常记录，并及时和出港方或项目组负责人要原单进行补签，补完后及时返回。分公司在派送时，一定按照重要提示要求客户签字或盖章。禁止不合格的原单返回给受理方。由于原单不合格或原单丢失影响分公司结账的应由派送方负责。

四、派件后的交接工作

（1）业务员整理好回单及未妥投的件，将其与《派件表》进行核对，并在《派件表》上对未妥投件注明未妥投的原因。

（2）将回单、未妥投件、《派件表》一起交给处理人员或客服，处理人员或客服当面核对无误后在《派件表》上签字确认，并进行未妥投件入库扫描操作。

（3）将所有款项在规定时间内上缴公司。

【课后练习6.2】

一、填空题

1. 派送服务流程包括以下步骤：送件上门，检验客户信息，_____，缴交款项，_____，_____。

2. 非本人签收时，必须让_____出示有效身份证件，签上代签人身份证号并在现场与_____联系，收货人确认代收人后方可将货物交给代收人。

3. 派送货物时必须查看货物_____是否完好，避免到达客户处货物出现异常情况。

二、简答题

派送服务流程中，业务员需要特别注意哪些事项？

6.3　派件异常处理

学习目标

能力目标：掌握派件异常情况的处理方式

知识目标：了解派件过程中可能出现的异常情况

工作任务

今天派件员小齐在派送过程中遇到不少麻烦,这些异常情况是派送工作的一部分,假如你是派件员小齐遇到这样的工作情况,应该如何处理?请把工作内容与步骤写出来。

情况1:A客户检查快件,发现外包装破损,拒收快件。

情况2:至B客户处,发现客户不在,且电话打不通。

情况3:客户C打来几次电话,催派快件,可快件在派送途中丢失了。

核心知识

一、派件前的异常情况

1. 快件出仓交接过程中发现的破损件

① 报处理人员或客服做相应登记,处理人员或客服核实破损件的重量,和运单标注重量相符且破损不严重的,交业务员出仓派送。

② 客服核实破损件的重量,和运单标注的重量不符的,将快件滞留。

③ 运单未标注重量且无法及时核实重量的破损件,滞留公司仓库,确认后再派送。

2. 收件地址不详的处理方法

① 业务员根据运单的收件人电话在出仓前与收件客户取得联系,询问详细地址,约定时间上门派件。

② 如因电话无人接听、号码为传真、号码不全、号码错误等情况导致业务员联系不到收件客户,将件滞留在仓库,并上报客服。

③ 如果方向确定,必须将快件先出仓,等候客服部确认后再派送。

二、派件中的异常情况

1. 客户拒绝签收快件(外包装破损、拒付、拒收等)

① 向客户做好解释,公司收回快件。

② 及时将相关情况上报给公司话务部。

③ 在快件上注明客户拒付的原因。

2. 客户搬迁、客户离职的处理办法

(1)若客户搬迁,且能联系上收件人,询问客户新的地址。

① 在运单上注明新的地址,同时上报客服部备案。

② 若更改后的地址在业务员的派送区域内,在派送时限内上门派件。

③ 若更改后的地址不在该业务员的派送区域内,将快件带回公司交仓管员并说明情况。

(2)若业务员无法联系到收件客户或收件客户已经离职。

① 业务员须将情况上报客服部备案。

② 快件带回公司交仓管员跟进。

③ 若月结客户搬迁,业务员除完成上述操作外,还需将客户搬迁的相关信息告知公司负责人。

3. 地址错误的处理办法

(1)业务员将信息上报公司客服部,业务员在派送过程中接到确认后的地址。

（2）如确认后的地址在该业务员服务区域内，须按正常派送流程派送，并保证派送时效。
（3）如确认后的地址不在该业务员的服务区域，须将快件交仓管员跟进。

4. 客户拒付、拒收的处理方法
（1）业务员将相关信息上报客服部，等候确认信息。
（2）十分钟之内没有回复的，向客户致歉——待派。
（3）将快件带回公司交仓管员跟进。

5. 派错件的处理办法
（1）业务员将情况及时向公司相关负责人汇报。
（2）业务员及时赶至错派客户处向客户致歉，并说明错派的原因。
① 取回快件：尽快将快件派送给正确的客户。
② 无法取回：报客服部，联系公司相关负责人，反馈处理情况。

6. 改派处理办法
（1）快件派送途中，寄件客户通过客服人员要求改派地址，同前面讲过的地址错误的处理办法。
（2）业务员上门派件时，收件客户本人要求改派，在运单上标注更改地址。
（3）更改后还在同一区域内，按正常派送流程完成派送，当天无法按时派送的将快件带回公司交处理人员或客服跟进。
（4）更改后不在同一区域内，将快件带回公司交处理人员或客服跟进。

7. 错分快件的处理办法
（1）交接时发现仓管员错分。
① 立即与客服联系，确认错分快件的情况。
② 将错分件交仓管员处理，由仓管员在《派件表》上签字确认。
（2）业务员漏拿快件。
① 处理人员或客服清仓时发现漏拿快件，立即通知业务员。
② 业务员回公司取漏拿的快件。
③ 无法返回的，客服需及时上报处理。
（3）业务员派件时发现错拿他人快件。
业务员立即向公司相关负责人反馈情况。
（4）业务员须配合公司相关负责人对错拿快件的调度安排。

8. 至客户处，发现客户不在的处理办法
（1）业务员根据运单信息与收件客户取得联系。
① 客户指定代收人，由代收人签收快件。
② 与客户约定再派时间并在备注栏内注明。
A. 约定时间在当天的，必须按时上门派送。
B. 约定时间在次日的，将快件带回公司交客服跟进，并将相关情况通报给客服部。
（2）业务员未能联系到收件客户，必须立即将相关情况通客户部备案，并将快件带回公司交处理人员跟进。

9. 大件或多件货物派送处理办法
（1）清点快件件数。

(2) 致电客户，约定派送时间。
(3) 如到付现结快件，须提醒客户准备运费。
(4) 将快件装车，规划线路，进行派送。

10. 客户催派快件的处理办法
(1) 若快件未出仓或尚未到目的地公司，客服部通知相应的派送员，安排优先派送。
(2) 业务员接客服部通知后：
① 对所催快件进行优先派送。
② 告知客服部预计派送时间。

11. 快件派送途中遗失的处理办法
(1) 对照《派件表》查找或报客服核对遗失快件的单号。
(2) 在不影响其他快件安全和派送时效的情况下，业务员应返回可能丢失快件的地方寻找快件。
(3) 无法找回须及时告知客户快件状态，并做好解释工作。

12. 派件途中遭遇不可抗因素（如交通管制、部分路段禁止通行、进行重大活动、恶劣天气等）处理办法
(1) 立即致电公司相关负责人和客服部，报告相关情况。
(2) 致电客户说明情况。
(3) 如情况允许则绕过此区域，尽量做到不影响对其他客户的时效。

拓展学习

2014年7月，朱生晖和几个朋友一起通过在高校建立第三方快递代理企业，聘用在校大学生为各快递公司开展校园快件派送服务，抢占校园快递"最后一公里"。

2015年6月6日，顺丰、申通、中通、韵达、普洛斯五家物流公司联合公告，共同投资创建深圳市丰巢科技有限公司，研发运营面向所有快递公司、电商物流使用的24小时自助开放平台——"丰巢"智能快递柜，以解决快递末端通行难的问题。

2016年4月8日，由国家邮政局组织起草的国家强制性标准《快递专用电动三轮车技术要求》征求意见稿正式发布，公开向社会征求意见，或可解决快递"最后一公里"通行难的问题。

什么是快递的"最后一公里"问题？快递的最后一公里难在哪里？应如何解决？请以小组为单位，通过上网收集资料、讨论等方式，自主研究快递"最后一公里"问题，撰写一份研究报告，并制作汇报PPT。

【课后练习6.3】

简答题
1. 对于快件出仓交接过程中发现的破损件，应如何处理？
2. 对于客户拒绝签收快件（外包装破损、拒付、拒收等）的情况，应如何处理？

模块七

快递客户服务

内容提要

7.1　认知快递客服
7.2　快递客服业务
7.3　快递客户管理

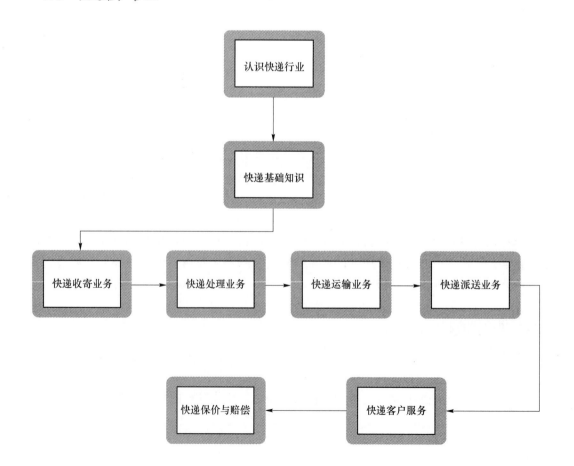

7.1 认知快递客服

学习目标

能力目标：能够识别快递客服的主要业务，掌握快递客服应具备的素质
知识目标：理解快递客户服务的概念；了解快递企业客户服务中心的职能和配置

工作任务

石小然刚刚进入某快递公司总部的客服部工作，她原来在该公司的收派网点工作过半年。在正式接手客服工作之前，需要了解快递客户服务的主要工作内容和业务流程，在开展客服工作时要遵守哪些操作规范？

核心知识

从广义上来说，快递客户服务是指快递企业为其他需求快递服务的机构与个人提供的一切快递活动，包括快递客户服务"三要求"，即交易前、交易中、交易后要素三部分内容，如快件的收取、派送，后期的投诉索赔等。

而狭义上来说，快递客户服务则主要是指客服人员的日常工作，包括客户中心前台业务处理、客户投诉处理、客户关系维护等业务。

一、快递客服中心的定义

快递客服中心又称呼叫中心，是基于计算机电话集成（CTI）技术，充分利用通信网和计算机网的多项功能集成，并与企业连为一体的一个完整的综合信息服务系统，利用多种现代化通信手段，将电话、传真、短信、E-mail、Web 接入，以及传统的邮包整合成面对客户的统一的服务窗口。它的功能主要是通过电话、网络系统负责受理客户委托、帮助客户查询快件信息、回答客户有关询问、受理客户投诉等业务工作（图 7.1.1）。

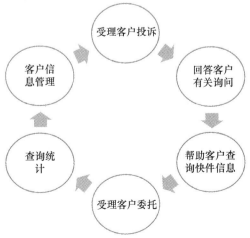

图 7.1.1　快递客服中心的功能

二、客服人员应具备的素质

1. 心理素质

客服人员每天会接触各种各样的客户,有些客户在受到委屈时脾气比较大,讲话会比较难听,所以客服人员承受的压力是很大的。他们应具备以下几方面的心理素质。

(1) "处变不惊"的应变力。
(2) 挫折打击的承受能力。
(3) 情绪的自我掌控及调节能力。
(4) 满负荷情感付出的支持能力。
(5) 积极进取、永不言败的良好心态。

2. 品格素质

品格是指一个人的品性、品行,是在社会活动中表现出来的认知、情感、意志和行为的总和,是品行、道德和作风等基本政治素质的综合体现,决定着一个人为人处世的方式和就业的成败。客服人员应具备以下五种品格素质。

(1) 忍耐与宽容。
(2) 不轻易承诺,说了就要做到。
(3) 勇于承担责任。
(4) 真诚对待每一个人。
(5) 强烈的集体荣誉感。

3. 技能素质

在具体的操作方面,客服人员应具备以下八个方面的技能。

(1) 良好的语言表达能力。
(2) 丰富的行业知识及经验。
(3) 熟练的专业技能。
(4) 娴熟的形体语言表达技巧。
(5) 思维敏捷,具备对客户心理活动的洞察力。
(6) 良好的人际关系的沟通能力。
(7) 专业的电话接听技巧。
(8) 良好的倾听能力。

【课后练习7.1】

一、填空题

1. 从广义上来说,快递客户服务是指_____为其他需求快递服务的_____与个人提供的一切快递活动。

2. 狭义上来说,快递客户服务则主要是指_____人员的日常工作,包括客户中心前台业务处理、_____处理、客户关系维护等业务。

3. 客户服务中心的功能主要是通过电话、网络系统负责受理客户委托、帮助客户查询_____、回答客户有关询问、受理_____等业务工作。

二、简答题

快递客服人员需要具备哪些素质？简要谈谈你的认识。

7.2 快递客服业务

学习目标

能力目标：能够处理订单受理业务；能够处理订单查询业务；能够应对各类客户咨询；能够妥善处理客户投诉

知识目标：了解快递客服业务类型，掌握各种快递客户业务的操作要求

工作任务

分任务一：客户咨询和订单受理

小然作为客服中心工作人员，在接到以下客户电话后，应该如何处理？

1. 客户进行快递费用咨询。
2. 客户进行寄件。
3. 客户咨询服务区域。

分任务二：快件查询业务处理

小然作为客服中心工作人员，在接到以下客户查询电话后，应该如何处理？

1. 快件寄出后迟迟未送达收件人手中，发件人打电话进行查询（要求客服人员核实并回电，原因为航班延误，现已在派送中）。
2. 已上传了签收，但收件人并没收到货，客户打电话查询（要求客服人员核实并回电，原因为门卫签收）。

分任务三：客户投诉业务处理

假设你是快递公司的投诉专员，应如何处理客户的投诉？

1. 客户张先生昨天查询了自己快件的投递情况，发现原定第二天中午达到的快件，却迟迟未派送，一气之下，客户张先生便打电话投诉"路路通"快递公司。
2. 客户通过快递公司网站提交投诉，声称自己收到的快件出现破损，里面的五包山核桃只剩下四包，而派件的网点不肯承担赔偿责任，要求公司总部处理。

核心知识

快递客服业务在大的类别上可分为订单业务和投诉业务。订单业务又可分为业务咨询、业务受理和业务查询，如图7.2.1所示。其中业务咨询是指客户为了解公司业务范围、服务政策和公司其他方面的情况而对客服人员的知识咨询和问题咨询业务，包括快件的价格、服

务区域、网点电话等，一般发生在快件寄递过程前。查询业务是指收件人或者寄件人在快递寄递过程中，针对快件的在途情况进行询问的业务，包括查询快件的状态、到达时间、签收证明以及快件在寄送过程出现的异常情况。

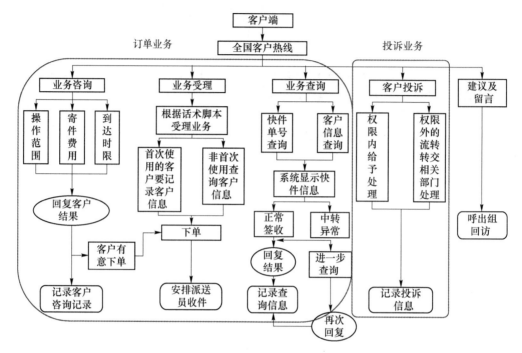

图 7.2.1　快递客服业务总图

一、快递客服业务流程

1. 咨询电话接听流程

客户会为了了解公司业务范围、服务政策和公司其他方面的情况而对客服人员进行知识和问题咨询。对于客户的咨询电话，客服人员应当尽量及时予以解答。当时解答不了的，应对客户进行安慰。一方面可以通过公司部门调取知识立即回复；另一方面可以转到相关部门予以解决，并及时回访。对于未能解答的问题，应由客服人员把问题及时转到公司相关部门，再由相关人员予以解答。详细情况如图 7.2.2 所示。

2. 订单受理电话接听流程

订单受理是快递业务的开端，是非常重要的客服业务内容。订单受理七要素包括取件地址、联系人、联系方式、取件时间、快件到达地、快递种类、保价。换句话说，在订单受理业务中，快递客服人员必须取得客户关于一票快递的以上所有信息。图 7.2.3 所示为订单受理电话接听流程。

3. 投诉电话接听流程

投诉电话接听，是指对客户因服务不满意而进行的投诉进行应答。投诉电话的最大问题是一般情况下客户都带着怒气和怨气而来，需要给予很大程度上的安抚，需要耐心和细心。图 7.2.4 所示为投诉电话接听流程。

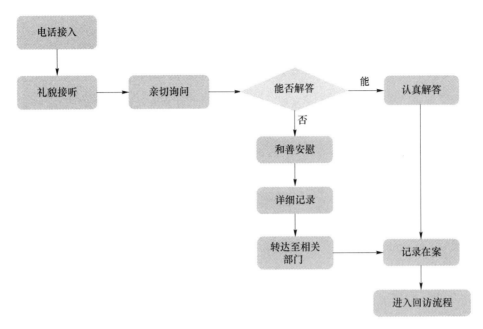

图 7.2.2 咨询电话接听流程

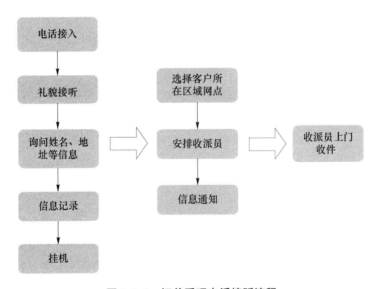

图 7.2.3 订单受理电话接听流程

4. 信息反馈流程

客服人员是客户关系中直接接触客户的,一般情况下需要对客户提供情感上的关怀和对客户的问题予以及时的反映和督促办理,但其无法直接向客户提供现实的服务。所以客服人员一方面要为客户提供有关信息,监督服务情况;另一方面需要公司其他部门的有效配合。图 7.2.5 所示为信息反馈流程。

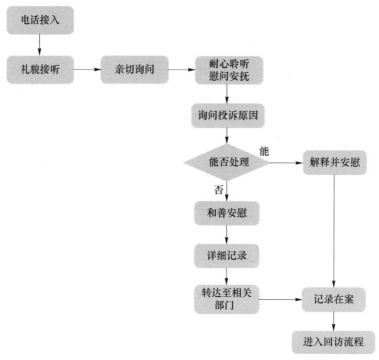

图 7.2.4 投诉电话接听流程

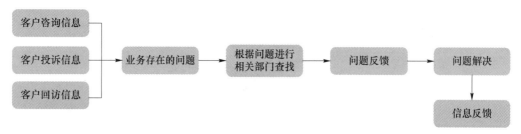

图 7.2.5 信息反馈流程

二、快递客服应答规范

1. 开头语及结束语应答规范（表 7.2.1）

表 7.2.1 开头语及结束语应答规范

标准化服务内容	标准化用语
开头语	您好，很高兴为您服务！ 您好，请问有什么可以帮您的吗？ ××先生/女士/小姐，您好！我把刚才的情况回复您，请记录一下
接听超时	非常感谢您的耐心等待！ 不好意思，让您久等了
结束语	请问还有什么可以帮您的吗？ 欢迎您的再次来电，谢谢，再见！ 谢谢您的来电，我们会尽快答复您

2. 业务咨询应答规范

"请问您的快递单号是什么？"

"请问您的快递始发地、收件地址是哪里？"

"请问您寄的是文件还是物品？"

"请问您的物品体积和重量大概是多少？是厂家原包装吗？"

"请您联系××，此件已在派送中了，注意查收。"

"请问您怎么称呼？可以留下您的联系方式吗？"

"此件没有进入我们的中转站，请您向发件公司先查询，如有问题，我们可以帮您联系发件公司查找。"

"请问您是××小姐吗？打扰一下，我这里是××快递，有票从××地方发来的快件要与您核对一下。"

3. 客户投诉应答规范

客户投诉——违禁品被扣：

"非常抱歉，根据相关法律规定，油漆是禁运品，快递公司不能承运，此件已经被扣下了。按程序，您要先找发件公司来解决，我们会通知他们尽快将货物退回的。"

客户投诉——超区件无人解决：

"对不起，此票快件的目的地确实超过我们的服务区域了，可能是业务员没有提前告诉您。您看这样行吗？您先找一个发件公司，让他们联系派送公司协商一下，要是转单或者改EMS，那么会产生新的费用，所以需要双方再次约定。"

客户投诉——损坏或货物短少：

"非常抱歉，这是运输途中出现的意外，给您带来这么多麻烦，在此我代表公司向您表示深深的歉意。您看这样行吗？我们先联系发件公司，尽快帮您先补寄一份，同时我们先做调查，等确认结果后答复您处理意见好吗？"

"很抱歉，由于此件是经航空中转运输的，具体在哪个环节出现破损短少，我们还要进一步调查，调查结果我们会答复发件公司，最终由发件公司来向您协商赔偿。"

三、快递客服应对技巧

1. 快递公司客户投诉的应对技巧

（1）先处理情感，后处理事件。

客户若得到不公正的对待，或者没有得到热情而专业的服务，那么在投诉时一般会情绪激动。聪明的做法就是先处理情感，后处理事件。要先让客户充分地倾诉。不管客户多么愤怒，受理人员都要耐心地倾听客户的投诉。不要把注意力集中在客户的情绪上，要明白你仅仅是客户倾诉的对象，客户并不是冲着你来的。要用同理心站在客户的角度为客户考虑。不要急于解释和辩解，以免引起客户心理上更大的反感。在弄清事实的真相前，不要轻易做出判断，不要轻易做出承诺。要适时对前来投诉的客户说"对不起"，告诉客户你为他的不愉快经历感到遗憾。道歉可以缓解客户愤怒的情绪。即使道歉不能化解纠纷，但至少可以控制事态，以免事态朝不利的方向发展。

（2）认真询问，弄清事实真相并及时了解客户需求。

圆满处理客户投诉的关键是寻找企业与客户实现双赢的平衡点。获得双赢的前提就是仔细询问，弄清事实真相，同时了解客户内心真实的想法。要了解被投诉事件的责任者是企业还是客户本人；要了解客户投诉的是哪一个部门、哪一个工作人员；要了解客户反映的问题是企业规章制度、管理机制、业务水准、服务态度、承诺未兑现的问题，还是客户本人情绪的问题。

在倾诉的过程中，受理人员不要打断客户、怀疑客户，不要故意给客户设置投诉障碍，不要一味地强调己方的正确。跟客户交流时，受理人员要态度诚恳、和蔼可亲；要面带笑容、语速适中；要认真倾听、使用礼貌用语，让客户感受到诚意。这样才能减少他们的心理障碍，增加其信任感，进而让其放松下来、畅所欲言。同时受理人员要及时记录客户反映的信息，不要遗漏。通过与客户交流，要明确客户投诉的本意是希望解决问题，获得补偿，兑现承诺，得到尊重，还是只是情绪的发泄。投诉处理最好是由第一个受理人员为客户提供信息收集、协调解决及投诉跟进的全过程跟踪服务。

（3）在抱怨扩大之前解决问题，不要让投诉升级。

投诉如果不能及时处理，很有可能会升级。处理投诉一定要注意时效性。处理投诉的关键在于沟通，要重视和客户的交流。处理客户投诉的重点不是分清责任，而是解决问题。处理客户投诉的积极态度是尽最大努力让客户满意。

事实真相明确之后，受理人员要迅速采取行动。如果客户对企业的投诉是客观事实，确实是企业的责任，企业就要接受客户的批评，向客户致歉并积极处理；如果客户投诉的事情不该由企业负责，企业也要向消费者表示感谢。受理人员在对客户进行解释时，要掌握说话的分寸，并且严守公司机密。如果受理人员的服务态度或解决方案不能让客户满意，就要及时更换职位更高的客服员继续处理。

（4）对客户投诉要及时跟进并适时回访。

客户投诉的事情如果不能马上解决，受理人员就要对事件的处理及时跟进，并适时地把事件的进展反馈给客户。如果不能及时跟进及适时反馈，客户就会认为企业是在敷衍了事，其并没有解决问题的诚意。那么客户在焦急等待的过程中，负面情绪就会不断积累，这不利于问题的妥善解决。

客户投诉处理完成以后，受理人员要适时地对客户进行回访。受理人员要对给客户带来的不愉快再次致歉，同时要对客户提出的意见或建议真诚地表示感谢。受理人员在回访时要营造和谐友好的谈话氛围，争取重新修补已经破裂的客户关系，争取再次赢得客户的信赖。

2. 快递公司客户投诉应对技巧的提升

（1）树立以顾客为中心的客户服务理念。
（2）完善投诉处理机制。
（3）建立受理人员的培训机制。
（4）完善受理人员的奖惩机制。

【课后练习7.2】

一、填空题

1. 咨询业务是指客户为了解公司业务范围、服务政策和公司其他方面的情况而对客服人员的知识咨询和问题咨询业务，包括快件的_____、服务_____、网点电话等。一般发生在快件寄递过程_____。

2. ＿＿＿＿＿＿业务是指收件人或者寄件人在快递寄递过程中，针对快件的＿＿＿＿＿＿进行询问的业务，包括查询快件的状态、到达时间、签收证明以及快件在寄送过程出现的异常情况。

3. 对于未能解答的客户咨询的问题，应由＿＿＿＿＿＿人员把问题及时转到＿＿＿＿＿＿，再由相关人员予以解答。

二、判断题

1. 在订单受理业务中，快递客服人员取得客户关于一票快递的部分信息即可。（　　）

2. 投诉电话的最大问题是一般情况下客户都带着怒气和怨气而来，需要给予很大程度上的安抚，需要有耐心和细心。（　　）

三、简答题

作为快递公司的客服人员，对客户的投诉有哪些应对技巧？

7.3 快递客户管理

学习目标

能力目标：能够开发快递客户市场；能够进行客户维护和日常客户管理

知识目标：了解快递客户关系的概念；熟悉快递客户分类的方法；理解快递客户分类的意义

工作任务

王力在某快递公司客服部实习。经理给了他一年以来与本公司东城营业点发生业务关系的客户以及营业额资料。经理要求王力依据表上（表7.3.1）的资料进行客户分类管理，把客户分为A、B、C三类，并分析说明应分别采取什么管理策略。

表7.3.1　某快递公司东城营业点快递业务营业额资料

序号	客户名称	2015年快递费用/元
1	财达铸造	2 100
2	蔡氏食品	250
3	复兴培训基地	300
4	邯富酒业	19 000
5	韩式汽贸	2 000
6	韩云证券	8 200
7	红莱家居	450
8	宏鑫工作室	8 000
9	洪大贸易	27 000
10	利德会计师事务所	7 600
11	时兴门业	300

续表

序号	客户名称	2015年快递费用/元
12	万兴建材	400
13	缘鑫地板	400
14	远红国际	22 000
15	云霞鞋业	2 000
	营业额合计	100 000

核心知识

快递客户是快递企业提供产品和服务的对象。快递企业所拥有的快递客户越多,所处的竞争地位就越有利。因此,快递竞争的焦点主要集中在快递客户身上:

一是不断增加企业所拥有的快递客户数量,使得潜在客户转变为现有客户;

二是不断提升客户对企业的价值,使客户由低端向中、高端客户转变。快递企业应积极开展有针对性的客户营销活动,提供优质的客户服务,最大限度地开发新客户、保留老客户,提高企业效益。

一、按客户价值大小分类

按照客户价值分类,找到最有价值的客户(即关键客户),才是快递企业最重要的工作,而 ABC 客户分类法就是一种比较实用的方法。从快递客户给企业带来的收益和价值,将快递客户分为三类:把客户群分为关键客户(A 类客户)、主要客户(B 类客户)、普通客户(C 类客户)三个类别。

1. 关键客户(A 类客户)

关键客户是金字塔中最上层的金牌客户,是在过去特定时间内为快递企业提供价值量最多的客户。这类客户是快递企业的优质核心客户群,由于他们业务稳定,做事规矩,信誉良好,对企业的贡献最大,能给企业带来长期稳定的收入,所以值得企业花费大量时间和精力来提高该类客户的满意度。

2. 主要客户(B 类客户)

这类客户一般来说是快递企业的大客户,但不属于关键客户。由于他们对企业经济指标完成的好坏构成直接影响,不容忽视,所以企业应倾注相当的时间和精力关注这类客户,并有针对性地提供服务。

3. 普通客户(C 类客户)

普通客户是指除了上述两种客户外的大部分客户。此类客户对企业完成经济指标贡献甚微。由于他们数量众多,具有"点滴汇集成大海"的增长潜力,快递企业应控制在这方面的服务投入,按照"方便、及时"的原则,为他们提供大众化的基础性服务,或将精力重点放在发掘有潜力的"明日之星"上,使其早日升为 B 类客户甚至 A 类客户。快递企业服务人员(或客户代表)应保持与这些客户的联系,并让他们知道当其需要帮助时,企业总会伸出援助之手。

二、按客户所在市场类型分类

按客户所在市场类型，快递客户大致可以分为三类：电商客户、企业客户和零散客户。

1. 电商客户

与传统购物方式相比，我国网购交易正处于一个爆发式增长阶段，未来的发展前景极其广阔。与电子商务蓬勃发展相对应的是，我国的电子商务快递业务呈现出超高速增长的态势。数据显示，我国当前快递业务量的一半以上来自网购，网购已当之无愧地成为驱动快递业务快速增长的主动力。面对巨大的电子商务物流需求，我国的快递业迎来了前所未有的发展机遇。

电子商务快递市场巨大的发展潜力，为快递企业提供了广阔的发展空间。可以预见，我国电子商务快递业务在总体快递业务中的比例将会越来越高，对快递企业的影响也会越来越大。

2. 企业客户

企业客户主要由国内大中型企业、外资企业和合资企业构成。这类客户通常追求高性能、最优质的快递服务，对价格则不太敏感。他们通常会选择知名快递企业的快递服务。

3. 零散客户

零散客户主要由一些小型企业和普通的个人客户构成。他们非常注重快递服务的价格，往往会设置一些底线，诸如时效和安全率等。只要达到基本要求，那么价格就成了他们最为关心的因素。零散客户的消费能力有限，对价格敏感，这使他们对快递品牌的忠诚度低。快递企业往往还没有来得及把新开发的零散客户培育成忠诚客户，他们就转向了竞争对手，客户流失情况普遍。

三、按客户所在区域或范围分类

1. 专业市场客户

快递企业的服务范围很广。按照所寄递的物品不同，可分为皮革市场客户、电子产品市场客户、服装市场客户等。

2. 商务区客户

商务区高度集中了城市的经济、科技和文化力量，同时具备金融、贸易、服务、展览、咨询等多种功能，汇集了大量办公、餐饮、服务和住宿设施，是"寸土寸金"之地。中央商务区内快节奏的工作和生活方式必然要求快递服务的高效、快捷。

3. 大中院校、社区客户

随着电子商务的快速发展，校园、社区客户群体的快递业务量急剧增加，快件投递成了每个快递企业亟待解决的问题。快递进校园、进社区的问题单纯依靠快递企业自身的网络建设和投入已经很难解决。积极鼓励和支持快递企业同社会物业、便利店、社区综合服务平台、校园管理机构等各种社会资源开展合作，共同打造快递末端的服务平台。鼓励学校、快递企业和第三方主体因地制宜地加强合作，通过设置智能快递箱或者快递的收发室委托校园邮局等进行投递，建立共同的配送平台，促进快递进校园、进社区。

四、按客户所处状态分类

1. 忠诚客户

忠诚包括交易忠诚和情感忠诚两方面。交易忠诚一般以客户购买产品的时间、购买频率、客户所占份额和客户的生命期来度量。情感忠诚一般根据情感和关系来判定,而不是单纯地看交易记录。它包括客户愿意向企业支付额外费用,将企业视作标杆,向他人推荐企业的产品,对企业的产品提出优化建议等。

2. 新增客户

快递企业的利益来自客户资源的保持和不断拓展,赢得新客户是快递企业生存与发展的重要方式。新客户一般不知道快递企业的品牌形象、实际能力、发展蓝图、行业地位、产品优势,没法维持对企业的忠诚。但现在没有购买快递企业产品或服务不表示将来不买,每一个没有购买过的人都有可能成为快递企业的新增客户。快递企业的每个老客户、忠诚客户都是从新客户一步一步走过来的,赢得现在的新客户实际上就是赢得了将来的老客户、忠诚客户。

3. 潜在客户

潜在客户是指在工作、生活中有可能购买快递产品或服务的人。首先,这类客户并不是对快递服务产品没有使用欲望,只是暂时还没有使用。其次,这类客户往往会仔细询问产品的各方面性能,属于理智型的消费者。再次,这类客户一旦认定某种产品,就可能影响周围的一大群人。最后,这类客户通常对未知的事物有排斥感,很难接受一种新产品,除非推销者能够准确掌握他们的内心特质,否则很难向他们推销产品。

4. 流失客户

由于种种原因而导致的与所提供快递服务的企业中止合作的客户,就是流失客户。例如:有一天客户决定终止合作转而投向竞争对手;业务员突然辞职,接着他负责的几个客户都相继结束了与企业的合作关系;已经合作多年的客户居然最近几个月都没有业务往来了。客户的忠诚度是一个很难用数字衡量的概念,在营销手段日益成熟的今天,每个客户都有自己的选择和利益杠杆,客户是一个很不稳定的群体。

快递企业对客户进行分类主要是为了提高资产效益。不同的客户为企业带来的利益是不同的。通过客户分类管理,快递企业可以更有效地识别关键客户和重要客户,为企业资源的优化分配提供帮助。

> **经典案例** **联邦快递的客户关系管理体系的案例分析**

联邦快递的创始者佛莱德·史密斯有一句名言:"想称霸市场,首先要让客户的心跟着你走,然后让客户的腰包跟着你走"。由于竞争者很容易采用降价策略参与竞争,联邦快递认为提高服务水平才是长久维持客户关系的关键。

一、联邦快递的全球运送服务

电子商务的兴起,为快递业者提供了良好的机遇。电子商务体系中,很多企业间可通过网络的连接,快速传递必要的信息。但对一些企业来讲,运送实体的东西是一个很难解决的题。举例来讲,对于产品周期短、跌价风险高的计算机硬件产品,在接到顾客的订单后,取得物料、组装、配送，以降低库存风险及掌握市场先机，是非常重要的课题，因此对于那些通过网络直销的方式售出产品的公司来讲，如果借助联邦快递的及时配送服务来提升整体的运筹效率，可为规避经营风险做出贡献。有一些小企业，由于经费、人力不足，往往不能建立自己的配送体系，这时就可以借助联邦快递。

联邦快递需要与客户建立良好的互动与信息流通模式，使企业掌握自己的货物配送流程与状态。在联邦快递，所有顾客可借助其网址同步追踪货物状况，还可以免费下载实用软件，进入联邦快递协助建立的亚太经济合作组织关税资料库。它的线上交易软件BusinessLink可协助客户整合线上交易的所有环节，从订货到收款、开发票、库存管理，一直到将货物交到收货人手中。这个软件能使无店铺零售企业以较低成本较迅速地在网络上进行销售。另外，联邦快递特别强调，要与顾客相配合，针对顾客的特定需求，如公司大小、生产线地点、业务办公室地点、客户群科技化程度、公司未来目标等，共同制定配送方案。

综上所述，联邦快递的服务特点在于，协助顾客节省了仓储费用，而且在交由联邦快递运送后，顾客仍能准确掌握货物的行踪，可利用联邦快递的系统来管理货物订单。

二、联邦快递的客户服务信息系统

联邦快递的客户服务信息系统主要有两个，一是一系列的自动运送软件，如PoerSi、FedExSi和FedExinerNeSi，二是客户服务线上作业系统（Customers Services-line System，CSS）。

1. 自动运送软件

为了协助顾客上网，联邦快递向顾客提供了自动运送软件，有三个版本：DS版的PoerSi、视窗版的FedExSi和网络版的FedExinerNeSi。利用这套系统，客户可以方便地安排取货日程、追踪和确认运送路线、打印条码、建立并维护寄送清单、追踪寄送记录。而联邦快递则通过这套系统了解到顾客打算寄送的货物，预先得到的信息有助于运送流程的整合，货舱机位、航班的调派等。

2. CSS

这个系统可追溯到20世纪60年代，当时航空业所用的电脑定位系统备受瞩目，联邦快递受到启发，从B、Avis租车公司和美国航空等处组织了专业系统，成立了自动化研发小组，建立了CSS，在1980年，系统增加了主动跟踪、状态信息显示等重要功能。1997年又推出了网络业务系统Virulrder。

联邦快递通过这些信息系统的运作，建立了全球的电子化服务网络，目前有2/3的货物量是通过PoerSi、FedExSi和FedExinerNeSi来进行操作的，主要利用它们的订单处理、包裹追踪、信息存储和账单寄送等功能。

三、员工理念在客户关系中扮演的角色

我们都知道，良好的客户关系绝对不是单靠技术就能实现的，员工的主观能动性十分重要。在对员工进行管理以提供顾客满意度方面，具体方案有三个方面：

1. 建立呼叫中心，倾听顾客的声音

联邦快递中国台湾分公司有700名员工，其中80人在呼叫中心工作，主要任务是：除

了接听成千上万的电话外,还要主动打电话与客户联系,收集客户信息。

呼叫中心的员工是绝大多数顾客接触联邦快递的第一个媒介,因此他们的服务质量很重要。呼叫中心的员工要先经过一个月的课堂培训,然后接受两个月的操作训练,学习与顾客打交道的技巧,考核合格后,才能正式接听顾客来电。

另外,联邦快递中国台湾分公司为了了解顾客需求,提高呼叫中心服务质量,每月都会从每个接听电话员工负责的顾客中抽取5人,打电话咨询他们对服务品质的评价,了解其潜在的需求和建议。

2. 提高第一线员工的素质

为了使与顾客密切接触的运务员符合企业形象和服务要求,在招收新员工时,联邦快递是中国台湾少数进行心理和性格测验的公司。对新进员工的入门培训强调企业化的灌输,先让其接受两周的课堂训练,接下来对其进行服务站的培训,然后让正式的运务员带半个月,最后才能独立作业。

3. 运用奖励制度

联邦快递最主要的管理理念是,只有善待员工,才能让员工热爱工作,不仅做好自己的工作,而且主动提供服务。例如联邦快递中国台湾分公司每年会向员工提供平均2 500美元的经费,让员工学习自己感兴趣的新事物,如语言、信息技术、演讲等,只要对工作有益即可。

另外,在联邦快递,当公司利润达到预定指标后,会加发红利,这笔钱甚至可达到年薪的10%。值得注意的是,为避免各区域主管的本位主义,各区域主管不参加这种分红。各层主管的分红以整个集团是否达到预定计划为根据,以增强他们的全局观念。

思考讨论:

1. 联邦快递具体采取了哪些措施来实现客户价值,使客户满意并保持客户忠诚的?
2. 联邦快递是怎样通过对人力资源管理的变革来提升它的客户关系管理能力的?

【课后练习7.3】

一、填空题

1. 快递企业应通过积极开展有针对性的客户_____活动,提供优质的客户服务,最大限度地开发_____、保留_____,提高企业效益。
2. 按照客户价值,可以把快递企业客户群分为_____(A类客户)、主要客户(B类客户)、_____(C类客户)三个类别。

二、判断题

1. 主要客户是金字塔中最上层的金牌客户,是在过去特定时间内为快递企业提供价值量最多的客户。   (   )
2. 企业客户主要由国内大中型企业、外资企业和合资企业构成。这类客户通常追求高性能、最优质的快递服务,对价格比较敏感。他们通常会选择知名快递企业的快递服务。
   (   )

三、简答题

结合自身经历,谈谈对大中专院校快递客户特点的认识。

模块八

快递保价与赔偿

内容提要

8.1 快递服务合同
8.2 快递保价与赔偿

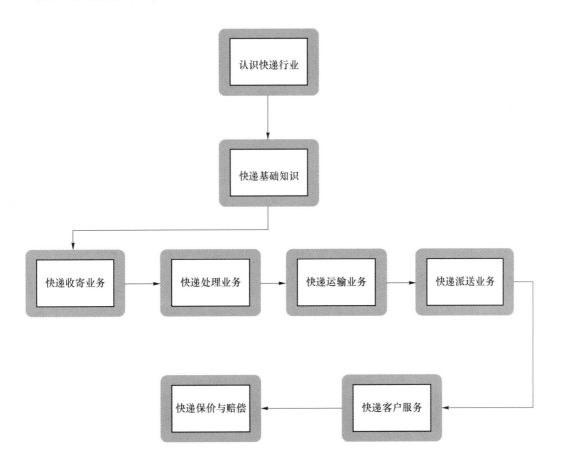

8.1 快递服务合同

学习目标

能力目标：能够正确签订快递服务合同，并能够区分当事人的权利和义务

知识目标：理解快递服务合同的概念和特点，掌握快递服务合同中各方当事人的权利和义务

工作任务

现实生活中，快递很多是被代签收的，即使是收件人亲自签收，也很少被允许先拆包验货再签字。先签后验的行业潜规则，是否合理？是否合法？

视频：先签后验的快递行业潜规则遭质疑

结合视频，进行资料搜集，讨论并回答以下问题：

问题1：快递大多是如何签收的？最常见的问题和纠纷是什么？

问题2：最新的《快递服务》国家标准里，关于快递签收是如何规定的？

核心知识

一、快递服务合同的概念和法律特征

快递服务合同是寄件人与快递服务组织之间订立的关于快递服务活动中双方权利义务关系的协议。

快递服务合同的法律特征：

(1) 快递服务组织必须是已获得快递服务经营许可的企业法人。
(2) 合同的标的是快递服务组织的快递服务。
(3) 快递服务合同是双务、有偿合同。
(4) 一般采取格式条款形式订立合同。
(5) 属于《中华人民共和国合同法》（以下简称《合同法》）中的无名合同。

二、快递服务合同的形式与条款

快递运单是快递服务合同的主要形式。快递运单由快递服务组织在收取快件时向寄件人签发，正面反映的是快递服务的基本信息，背面列明的是快递服务条款，如表8.1.1所示。这些构成了快递服务合同的核心内容。

表8.1.1 快递运单应包括的内容

运单项目	具体内容
寄件人信息	名称、地址、单位、联系电话
收件人信息	名称、地址、单位、联系电话

续表

运单项目	具体内容
快递服务组织信息	名称、标识、联系电话
快件信息	品名、数量和重量、价值、封装形式
费用信息	计费项目及金额、付款方式、是否保价（保险）及保价（保险）金额
时限信息	收寄时间、投递时间
约定信息	双方约定事项，包括产生争议后处理途径，寄件人对快递运单信息的确认
背书信息	查询方式与期限，寄件人和快递服务组织双方的权利与责任，包括寄件人和快递服务组织产生争议后的解决途径、赔偿的有关规定

采用格式条款订立快递服务合同的注意事项：

（1）快递服务组织应遵循公平原则确定双方当事人的权利义务，合理设置合同内容。

（2）快递服务组织应采用合理方式提请寄件人注意免除其责任或限制其权利的条款。

（3）按照寄件人的要求对格式条款进行说明。

（4）免除快递服务组织责任、加重寄件人或收件人责任、排除寄件人或收件人主要权利的格式条款无效。

（5）对格式条款的理解发生争议的，应当按照通常理解予以解释。

（6）就以下事项进行免责的格式条款无效：① 造成对方人身伤害的；② 因故意或重大过失造成对方财产损失的。

三、快递服务合同主体的权利和义务

1. 寄件人的权利与义务

（1）寄件人的权利。

① 对快递服务组织的给付请求权。给付请求权是指请求债务人按照合同的约定或法律的规定履行义务的权利，是债权人实现权利、取得利益的基本方式。在快递服务合同中，寄件人与快递服务组织签订快递服务合同的目的是通过快递服务组织将快件快速完好地递送至收件人处，从而清偿自己在基础合同中对收件人承担的交付义务。快递服务合同生效后，寄件人有权请求快递服务组织及时将快件送到收件人手上。

② 对快递服务组织的损害赔偿请求权。"第三人利益合同的解除不影响损害赔偿请求权，允诺人或受诺人在因对方过错造成合同解除而遭受损害之时，可请求对方损害赔偿。"既然寄件人有向快递服务组织请求向收件人给付的权利，如果快递服务组织不履行义务，寄件人可以寻求司法救助。寄件人参与诉讼的方式有两种：a. 以原告身份独立提起对快递服务组织的诉讼；b. 在收件人对快递服务组织提起的诉讼中作为有独立请求权的第三人参与诉讼，但是寄件人与收件人在损害赔偿请求权的内容上存在一些差异。在快递服务合同中，直接受损者是收件人。

③ 合同解除权。在由于快递服务组织违约引起法定或约定的合同解除条件出现时，寄件人可以行使合同解除权，但是由于收件人是利益第三人，此时寄件人行使合同解除权不能随意而为，应该取得收件人的同意。例如，由于大雪封路，原定在 3 日内到达的快件可能要 15 日才能送达，此时寄件人需征得收件人同意后才能取消运输，解除快递服务合同。因为

不排除收件人并不着急收取快件，愿意等待 15 日而并非解除该合同。

④ 查询权。《中华人民共和国邮政法》（以下简称《邮政法》）规定，用户交寄邮件后，对国内邮件可以自交寄之日起一年内持收据向邮政企业查询，对国际邮件可以自交寄之日起 180 日内持收据向邮政企业查询。

（2）寄件人的义务。

① 告知义务。寄件人应向快递服务组织准确、如实地告知收件人和所需寄送物品的基本情况（如收件人的姓名、地址、联系方式，快件内物的名称、数量等内容），否则所产生的法律后果由寄件人自行承担。

② 合理包装义务。寄件人应按照国家相关规定对所需寄递的物品进行合理包装。

③ 向快递服务组织交付快件并接受验视。寄件人不得寄递快递行业主管部门及其他行政管理部门规定的禁、限寄物品，否则快递服务组织有权拒绝收寄。

④ 在寄付快递服务合同中，寄件人还负有支付快递服务费用的义务。

⑤ 在将快件交寄后应及时通知收件人，并将快递服务组织名称和运单编号告知收件人，以便收件人行使权利。

⑥ 在快递服务组织履行完毕递送交付义务之前，有协助收件人查询、督促的义务。

2. 快递服务组织的权利与义务

（1）快递服务组织的权利。

① 收取快递服务费的权利。快递服务组织提供了快递服务，有权按照相关规定收取合理的快递服务费，这也是快递服务组织订立快递服务合同、提供快递服务的最终目的。

② 拒绝返还快递服务费的权利。当收件人无故拒绝受领快件而快递服务组提供快递服务没有任何过错时，快递服务组织有权拒绝返还快递服务费。

③ 留置权。快递服务组织当未收到快递服务费，或快递服务合同无效或被撤销时，对快件享有留置权。

（2）快递服务组织的义务。

在快递服务合同中，快递服务组织提供的快递服务主要有收寄快件、运输快件和投递快件三个环节，在不同环节中具有不同的给付义务。

第一，在收寄环节中的义务。根据《邮政法》和《快递业务操作指导规范》相关规定，快递服务组织在收寄快件时有对快件进行验视的义务。实际上，对快递服务组织而言，验视寄件人交寄的快件既是一种义务，又是一种权利。

第二，在运输环节中的义务。在此环节中，快件会被分拣、封发、装载和运输，不管处于何种处理进度中，快递服务组织均有对快件谨慎规范处理、妥善恰当保管的义务。如果在运输环节中发生了快件毁损、灭失等情形，快递服务组织应承担相应的赔偿责任。同时，在快件未经收件人签收、快递服务合同未履行完毕时，快递服务组织还有遵从寄件人指示的义务。因为根据法律的相关规定，此时快件的所有权依然归寄件人所有，寄件人可以随时改变指示，但应承担快递服务组织由于该指示受到的损失。

第三，在投递环节中的义务。此环节中，快递服务组织的义务主要有：① 按照约定安全、快捷、及时地将快件递送给收件人并获得签收。② 及时通知收件人收取快件，并允许收件人当面验收快件内物。快件的递送与交付是快递服务组织履行快递服务合同的主要环节，《快递业务操作指导规范》以及新出台的快递服务国家标准都明确规定了快递服务组织有告知收件人当面验收快件、查看内容物的义务。

③ 收件人未能及时收取快件的，免费为其再次递送。根据我国快递服务行业标准和国家标准的相关规定，收件人第一次因故未能及时收取快件的，快递服务组织应该免费至少为其再递送一次。收件人两次仍未收取的，快递服务组织可以代为保管或要求其到业务网点自行领取。收件人仍需要快递服务组织上门投递的，快递服务组织可以向其收取额外费用，但应事先将符合国家规定的收费标准予以告知。

3. 收件人的权利与义务

（1）收件人的权利。

① 请求及时投递快件的权利。

② 签收快件的权利。

（2）收件人的义务。

在快递服务合同中，收件人有在快递服务组织与其联系时给予配合、及时受领给付、告知寄件人快递服务组织履约情况、验收快件后签字确认等附随义务。在到付快递服务合同中收件人应在签收快件时或者约定时间内支付快递服务费用。

拓展学习

随着我国经济的发展，特别是电子商务、网络购物的普及，快递业发展迅猛，快递已经成为我们生活中不可或缺的一部分。但快递服务质量参差不齐，快件丢失、损坏的事故屡见不鲜。图8.1.1所示为快递乱象。

快递乱象之一：手机"变"石头

快递乱象之二：快递"慢"送

快递乱象之三：野蛮操作，易损坏

快递乱象之四：拒绝验货，索赔难

图8.1.1　快递乱象

以上问题只是近年来快递行业所暴露的众多问题的"冰山一角",快递业种种乱象让消费者叫苦不迭,而这些问题产生的最主要根源,就是从业人员职业道德素质低下,法律意识淡薄。

随着电子商务市场的快速发展,一些快递企业因为业务量过大、自身条件不能满足市场需求,选择外包、倒手给不具备运送资质的企业或个人,一些快递员乘机调包、盗窃,甚至贩卖客户信息,进一步加剧了快递市场中的乱象。

我国快递相关法律法规有哪些?规范了哪些方面?存在哪些问题?

查一查

1. 根据我国《邮政法》及《快递业务经营许可管理办法》的规定,申请经营快递业务应具备哪些条件?
2. 《中华人民共和国刑法》中有哪些与快递业务相关的罪名?惩罚措施是什么?
3. 2011年8月国家邮政局颁布的《快递业务操作指导规范》中,针对野蛮分拣等违规行为做出了怎样的技术要求?

【课后练习8.1】

一、填空题

1. 快递服务合同是_____与_____之间订立的关于快递服务活动中双方_____关系的协议。
2. _____是快递服务合同的主要形式。
3. 快递服务组织应采取合理方式提请寄件人注意_____或_____其责任的条款。

二、简答题

1. 简要说明快递企业的快件收寄环节的义务。
2. 快递的收件人是不是快递服务合同的当事人?收件人有哪些义务?

8.2 快递保价与赔偿

学习目标

能力目标:能够合理选择快递保价,能够正确判断快递纠纷的责任方及赔偿责任

知识目标:理解快递保价的意义,了解快递违约的赔偿方式

工作任务

现实生活中快递内件损坏的事故时有发生,遇到这样的事情,当事人应如何索赔?快递企业应负怎样的责任?寄件人或者收件人如何避免风险,减少损失?

结合视频,进行资料搜集,讨论并回答以下问题:

问题1:选取一家快递企业,例如顺丰速运,查询它的保价规则是怎样的(如果有保价,怎么赔偿?没有保价,又怎么赔偿?)。

问题2:你认为这样的规定合理吗?为什么?

问题3:如果你是视频当事人,会如何索赔?作为快递公司,应如何避免这样的纠纷再次发生?

核心知识

一、快递保价

1. 快递保价的概念

所谓保价,是指由寄件人声明货物价值,并支付相应比例的保价费用。保价条款是指约定快递服务合同中寄件人在缴纳运费之外,根据声明价值按照一定比例缴纳保价费,从而在货物出现毁损、灭失时,在所保价值范围内获得足额赔偿的有关条款。保价条款一般约定为:保价货物发生损失的,快递服务组织按照损失与保价金额的比例承担赔偿责任。

2. 快递保价条款的性质和效力

通常而言,寄件人在交寄邮件的同时,填写快递详情单中有关内容,并在交寄人处签字,详情单作为寄件人与快递服务组织之间的快递服务合同,一般详述双方的权利、义务。根据《合同法》第三十九条的规定,"格式条款是当事人为了重复使用而预先拟定,并在订立合同时未与对方协商的条款",因此,快递服务组织的快递详情单载明的保价条款属于格式条款。因为格式条款是单方拟定的,限制了当事人的意思自治,拟定方可以利用经济地位、信息资源、法律知识等方面的强势,制定有利于自己而不利于对方的合同条款,所以法律同时对格式条款的效力认定、解释及适用做了限制性规定。如《合同法》第四十条规定:"提供格式条款一方免除其责任、加重对方责任、排除对方主要权利的,该条款无效。"因此,只要快递服务组织对保价条款尽到了合理告知义务,且寄件人自愿签字确认,该保价条款就合法有效,除非出现《合同法》第五十三条规定的情形:"合同中的下列免责条款无效:① 造成对方人身伤害的;② 因故意或者重大过失造成对方财产损失的。"

3. 快递保价应注意的事项

(1) 充分尊重当事人的意思,坚持私权自治原则。
(2) 快递服务组织者应尽到合理提醒、说明的义务。
(3) 寄件人有如实申报货物、价值的义务。
(4) 寄件人应及时支付保价费。

二、快递赔偿

1. 赔偿对象

快递纠纷赔偿对象应为寄件人或寄件人指定的收件人、受益人。

2. 赔偿因素

赔偿因素主要包括快件延误、丢失、损毁和内件不符。

3. 免责事由

免责事由指快递服务组织即快递企业的免责事由。

① 因不可抗力造成的损失。不可抗力是法定免责条款。这里的不可抗力应该以《中华人民共和国民法通则》第一百五十三条的定义为准,指不能预见、不能避免并不能克服的情况。

② 由发件人或收件人的过错造成的损失。根据过错归责原则,不属于快递服务组织者的

过错，而是由于发件人或收件人的过错造成的损失，快递服务组织当然不用负赔偿责任。

③ 由于快件本身的自然属性或合理损耗造成的损失。

④ 超过赔偿时限的。《快递服务》国家标准将赔偿时限规定为一年，自寄件人交递快件之日起满一年未查询又未提出赔偿要求的，快递服务组织可不负赔偿责任。

4. 赔偿范围的确定

快递服务组织与寄件人有约定的应从约定，没有约定的可按以下原则执行。

（1）快件延误。

延误的赔偿应为免除本次服务费用（不含保价等附加费用）。由于延误导致内件直接价值丧失，应按照快件丢失或损毁进行赔偿。

（2）快件丢失。

快件丢失赔偿应主要包括：① 快件发生丢失时，免除本次服务费用（不含保价等附加费用）；② 购买保价（保险）的快件，快递服务组织按照被保价（保险）金额进行赔偿；③ 对于没有购买保价（保险）的快件，按照《中华人民共和国邮政法实施细则》及相关规定办理。

（3）快件损毁。

快件损毁赔偿主要包括：① 完全损毁，指快件价值完全丧失，参照快件丢失赔偿的规定执行；② 部分损毁，指快件价值部分丧失，依据快件丧失价值占总价值的比例，按照快件丢失赔偿额度的相同比例进行赔偿。

（4）内件不符。

内件不符赔偿主要包括：① 内件品名与寄件人填写品名不符，按照完全损毁赔偿；② 内件品名相同，数量和重量不符，按照部分损毁赔偿。

5. 受理赔偿期限

快递服务组织受理赔偿期限应为收寄快件之日起一年内。

6. 责任主体的认定

近年来快递业发展迅速，特许加盟已经成为民营快递企业销售物流服务的主要运营模式。快递特许加盟关系中包括特许总部、被特许加盟公司、次加盟商及承包人等主体。就法律关系而言，快递特许总部与被特许经营者是相互独立的民事主体，双方订立的加盟合作协议是取得法律联系的基础，共同对寄件人提供邮寄服务。在发生寄递物品丢失时，须区分两种情形来分析快递特许总部和被特许经营者的外部责任：

① 寄件人付款时没有向快递被特许经营者索要发票，快递总部的运单上也没有快递被特许经营者的签章，依据交易习惯，寄件人是与快递被特许经营者签订了快递服务合同，但依法律分析，寄件人是与快递特许总部签订了快递服务合同。快递特许总部从法律上应对寄件人负全责，承担责任后，可根据其与快递被特许经营者签订的加盟合作协议行使追偿权。

② 寄件人付款时被特许经营者出具了发票，且快递运单上有快递被特许经营者的签章，这样等于寄件人和两个主体都签订了合同关系，获利主体和运输主体明确。寄件人可以快递特许总部和快递被特许经营者为共同被告，由双方承担连带责任。

7. 赔偿纠纷的解决方式

赔偿纠纷的解决方式主要有投诉、仲裁和诉讼。

图 8.2.1 所示为快递赔偿要素。

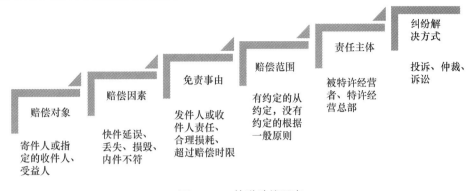

图 8.2.1　快递赔偿要素

案例分析　快递服务合同纠纷被告主体资格的确定
——重庆江津区法院判决彭×诉游×快递服务合同纠纷案

裁判要旨

寄件人邮寄快件，快递被特许经营者有经营许可资格且对运单进行签章的，发生纠纷时，寄件人可以快递公司总部和快递被特许经营者为共同被告，要求双方承担连带责任。

案情

天意快递服务部是被告游×的姐姐于 2008 年开办的个体经营店，对外以其加盟的网络"中通速递"名义开展快递服务业务，游×是该服务部的工作人员。2010 年 12 月 10 日，彭×与游×联系称有包裹需要快递，游×通知其他工作人员为彭×办理，彭×填写了中通速递手续单，交了服务费 10 元，没有办理保价，彭×包裹内装手机一部。过后，经双方查实，该快递包裹丢失。

2010 年 3 月 31 日，被告游×以天意快递服务部的名义与重庆信雅达快递服务有限公司签订了网络加盟合同书。2011 年 2 月 25 日，以游×为负责人的重庆信雅达快递服务有限公司江津营业部成立，对外仍以其加盟的网络"中通速递"名义开展快递服务业务。

2011 年 4 月 1 日，原告彭×曾以重庆市中通速递江津区分公司为被告向法院起诉过，经查明，被告公司没有注册登记，被告主体错误，遂裁定驳回了原告的起诉。同年 7 月 28 日，原告彭×以游×为被告向法院起诉，要求被告赔偿手机价款 3 000 元和服务费 10 元。

裁判

重庆市江津区人民法院经审理认为，被告游×于 2010 年 12 月 10 日成为天意快递服务部的工作人员，以"中通速递"名义承接原告的快递服务业务。快递运单是邮寄合同的凭证，从法理上讲，原告彭×是与中通速递签订的邮寄服务合同，天意快递服务部是中通速递的授权经营者，被告游×的行为非个人行为，原告彭×与被告游×之间不存在快递服务合同关系，遂依法判决驳回原告彭×的诉讼请求。

判决后，原告未上诉，现判决已生效。

评析

近年来，快递业发展很快，而特许加盟成为民营快递企业销售物流服务的主要运营模式。快递特许加盟关系中包括特许总部、被特许加盟公司、次加盟商及承包人等主体，由于快递运营网络复杂，在发生寄递物品丢失时，消费者往往因无法确定合同主体而出现起诉被告错误的现象。

1. 快递服务合同主体的认定

快递公司提供的快递运单是快递服务合同，且是格式合同，是约定寄件人与邮寄人权利义务关系的民事协议。《合同法》第九条规定："当事人订立合同，应当具有相应的民事权利能力和民事行为能力。当事人依法可以委托代理人订立合同。"《邮政法》第五十二条规定，申请快递业务经营许可，应当具备的条件之一是符合企业法人条件。由此可以看出，个人不得独立对外经营快递业务，快递企业对外签订快递服务合同应以自己的名义或委托他人代为订立合同。本案中，快递单是"中通速递"总公司的格式合同，详情单背面约定了双方的权利义务，且运输服务线路也是"中通速递"的网络。虽然被告游×在快递详情单上签字，但现行法律禁止个人独立经营快递业务，且游×是以天意快递服务部的名义对外承接业务，而天意快递服务部又是中通速递的授权经营者，不管是从签订合同的表征还是从合同履行的内容来讲，彭×实质上都是与中通速递总公司签订的快递服务合同。

2. 快递服务合同纠纷责任主体的认定

就法律关系而言，快递特许总部与被特许经营者是相互独立的民事主体，双方内部订立的加盟合作协议是取得法律联系的基础，共同对寄件人提供邮寄服务。目前，在快递业经营中，寄件人一般是在快递被特许经营者处寄递物品，在快件丢失时，需区分两种情形分析快递特许总部和被特许经营者的外部责任：①寄件人付款时没有向快递被特许经营者索要发票，快递总部的运单上也没有快递被特许经营者的签章，依交易习惯，寄件人是与快递被特许经营者签订了寄递合同，但依法律分析，寄件人是与快递特许总部签订了快递服务合同。快递特许总部从法律上应对寄件人负全责，承担赔偿责任后，可以根据其与快递被特许经营者签订的内部加盟合作协议行使追偿权。②寄件人付款时被特许经营者出具了发票，且快递运单上有快递被特许经营者的签章，这样寄件人就和两个主体签订了合同，获利主体和运输主体明确。寄件人可以快递特许总部和快递被特许经营者为共同被告，由双方承担连带责任。

本案中，天意快递服务部与中通速递公司签署了加盟合作协议，明确了各自对外承接快递业务的权利义务，且进行了工商登记，有经营许可证和营业执照，其工作人员在彭×填写的"中通速递"运单上签字确认并出具发票，彭×可以双方为共同被告起诉，要求双方承担连带责任。

本案案号：（2011）津法民初字第4958号

【课后练习8.2】

一、填空题

1. 保价条款是指约定快递服务合同中寄件人在缴纳运费之外，根据_____按照一定比例缴纳_____，从而在货物出现_____时，在所保价值范围内获得足额赔偿的有关条款。

  2. 《合同法》第四十条规定:"对于提供格式条款一方免除其责任、加重对方责任、排除_____的,该条款_____。"

  3. 快递服务组织受理赔偿期限应为收寄快件之日起_____之内。

二、判断题

  1. 由于快件本身的自然属性或合理损耗造成的损失,快递企业可以免责。 ( )

  2. 由于发件人或收件人的责任造成的损失,快递企业不能免责。 ( )

三、简答题

  1. 寄件人在选择快递保价时有哪些注意事项?

  2. 快递赔偿纠纷的解决方式有哪些?

附 录

中华人民共和国《快递服务》国家标准（GB/T 27917）

本标准分为三个部分：
第一部分：基本术语；
第二部分：组织要求；
第三部分：服务环节。

第一部分：基本术语

1. 范围

GB/T 27917 的本部分规定了快递服务的基础概念，以及与快递业务种类、服务要素、服务环节、服务质量相关的基本术语。

本部分适用于快递服务相关的经营、管理、教学、科研等活动。

2. 基础概念

2.1 快递服务 express service；courier service

在承诺的时限内快速完成的寄递服务。

2.2 快递服务组织 express service organization

在中国境内依法注册的，提供快递服务（2.1）的企业及其加盟企业、代理企业。
（注：快递服务组织包括快递企业和邮政企业提供快递服务的机构。）

2.3 快件 express item

快递服务组织（2.2）依法递送的信件、包裹、印刷品等的统称。

2.4 快递业务员 operational express service provider

使用快递专用工具、设备和应用软件系统，按照快递属性要求，从事快件（2.3）收寄、分拣（5.2.2）、封发（5.2.3）、投递等工作的人员。

2.5 快递业务网络 express service network

快件（2.3）收寄、分拣（5.2.2）、封发（5.2.3）、运输、投递、查询等所依托的实体网络和信息网络的总称。

3. 业务种类

3.1 按寄达范围划分的快递业务

3.1.1 国内快递 domestic express service

从收寄到投递的全过程均发生在中华人民共和国境内的快递业务。

3.1.1.1 同城快递 intra-city express service

寄件地和收件地在中华人民共和国境内同一城市的快递业务。

3.1.1.2 省内异地快递 intra-province express service

寄件地和收件地分别在中华人民共和国境内同一省、自治区中不同地区的快递业务。

3.1.1.3 省际快递 inter-province express service

寄件地和收件地分别在中华人民共和国境内不同省、自治区、直辖市的快递业务。

3.1.2 国际快递 international express service

寄件地和收件地分别在中华人民共和国境内和其他国家或地区（中国香港特别行政区、中国澳门特别行政区、中国台湾地区除外）的快递业务，以及其他国家或地区间用户相互寄递但通过中国境内经转的快递业务。

3.1.2.1 国际进境快递 international inbound express service

国际进口快递

收件地在中华人民共和国境内，寄件地在其他国家或地区（中国香港特别行政区、中国澳门特别行政区、中国台湾地区除外）的快递业务。

3.1.2.2 国际出境快递 international outbound express service

国际出口快递

寄件地在中华人民共和国境内，收件地在其他国家或地区（中国香港特别行政区、中国澳门特别行政区、中国台湾地区除外）的快递业务。

3.1.3 港澳台快递 express service to / from Hong Kong, Macao and Taiwan

寄件地和收件地分别在中华人民共和国境内和中国香港特别行政区、中国澳门特别行政区、中国台湾地区的快递业务。

3.2 快递增值业务

3.2.1 代收货款 cash on delivery

快递服务组织（2.2）接受委托，在投递快件（2.3）的同时，向收件人收取货款的业务。

3.2.2 签单返还 receipt collect service

快递服务组织（2.2）在投递快件（2.3）后，将收件人签收或盖章后的回单（4.3.4）返回寄件人的业务。

3.2.3 限时快递 time-definite express

快递服务组织（2.2）在限定的时间段内将快件（2.3）送达用户的快递业务。

3.2.4 专差快递 on board courier

快递服务组织（2.2）指派专人以随身行李的方式寄递快件（2.3）的快递业务。

4. 服务要素

4.1 快件

4.1.1 按内件性质划分的快件

4.1.1.1 信件类快件 letters express item

以套封形式缄封的，内件是按照名址递送给特定个人或者单位的信息载体的快件（2.3），不包括书籍、报纸、期刊等。

4.1.1.2 物品类快件 articles express item

用快递封装用品封装的，内件是按照名址递送给特定个人或者单位的商品等物品的快件（2.3）。

4.1.2 特殊快件

4.1.2.1 改寄件 express item with corrected address

快递服务组织（2.2）受用户委托，变更原投递地址，寄往新地址的快件（2.3）。

4.1.2.2 委托件 express item consigned by a third party

快递服务组织（2.2）受第三方委托，前往寄件人处取件（5.1.2）后送达收件人的快件（2.3）。

4.1.2.3 自取件 express item by self pick-up

到达约定目的地后，由收件人自行提取的快件（2.3）。

4.1.2.4 到付件 freight collect express item

由收件人支付快递费用的快件（2.3）。

4.1.3 异常快件

4.1.3.1 拒付件 freight collect refusal express item

收件人拒绝支付寄递约定的各种费用的快件（2.3）。

4.1.3.2 拒收件 signature refusal express item

收件人拒绝签收的快件（2.3）。

4.1.3.3 错发件 mis-delivered express item

实际送达名址与收件人名址不符的快件（2.3）。

4.1.3.4 无着快件 undeliverable express item

无法投递且无法退回寄件人、无法投递且寄件人声明放弃、无法投递且保管期满仍无人领取的快件（2.3）。

4.1.3.5 破损件 express item with damaged packing

因包装不良、操作不当等原因，包装破损的快件（2.3）。

4.1.3.6 损毁件 damaged express item

因包装不良、操作不当等原因，内件部分或全部价值损毁的快件（2.3）

4.1.3.7 丢失件 lost express item

在寄递过程中单一快件（2.3）全部丢失，或其内件部分丢失的快件（2.3）。

4.2 服务人员

4.2.1 收派员 courier

从事上门揽收快件和投递快件（2.3）工作的人员。

附录 中华人民共和国《快递服务》国家标准（GB/T 27917）

4.2.2 处理员 express item operator

从事快件（2.3）分拣（5.2.2）、封发（5.2.3）、转运等工作的人员。

4.2.3 客服人员 customer service representative

在呼叫中心、快递营业场所专门受理收寄、查询、投诉、索赔等申请或业务咨询的人员。

4.2.4 国际快件报关员 customs broker

通过全国报关员资格考试，依法取得报关员从业资格，并在海关注册登记，代表快递服务组织（2.2）向海关办理国际快件以及港澳台快件报关业务的人员。

4.3 服务单据

4.3.1 快递运单 express waybill

快件详情单

用于记录快件（2.3）原始收寄信息及服务约定的单据。

4.3.2 改寄申请单 application form for address correction

寄件人申请改变收件人地址所填写的单据。

4.3.3 索赔申告单 claim authorization form

用户申请快件（2.3）赔偿时所填写的单据。

4.3.4 回单 interchange receipt

应寄件人要求，在收件人签收快件（2.3）的同时，需收件人签名或盖章后返还给寄件人的单据。

4.3.5 快件报关单 customs declaration form

进出口快件用户或其代理人，按照海关规定的格式对进出口快件的实际情况做出书面申明，以此要求海关对其快件按适用的海关制度办理通关手续的单据。

4.3.6 形式发票 proforma invoice

按照海关要求提供的，证明所寄物品品名、数量、价值等，以便海关进行监管的报关文件。

4.4 服务设施设备及用品

4.4.1 快递营业场所 business premises for express service

快递服务组织（2.2）用于提供快件（2.3）收寄服务及其他相关服务的场所。

4.4.2 快件处理场所 express handing area

快递服务组织（2.2）专门用于快件（2.3）分拣（5.2.2）、封发（5.2.3）、交换、转运、投递处理活动的场所。

4.4.3 海关快件监管场所 customs supervised area

快递服务组织（2.2）按照海关要求设置的用于办理国际快件及港澳台快件海关监管业务的场所。

4.4.4 呼叫中心 call center

快递服务组织（2.2）利用现代通信与计算机技术，主要处理快件（2.3）寄递过程中各种电话呼入和呼出业务的运营操作场所。

4.4.5 跟踪查询系统 express item tracking system
通过条码、阅读器等手段，记录快件（2.3）从收寄到投递全过程信息，供用户随时获取快件（2.3）寄递状态和结果的信息系统。

4.4.6 手持终端 personal digital assistant
在快件（2.3）收寄、分拣（5.2.2）和投递等过程中，用于扫描快件（2.3）条码进行相关信息处理的一种便携设备。

4.4.7 快递封套 envelope for express service
以纸板为主要原料，经模切、印刷和黏合等加工后，制成提供给用户使用的可装载快件（2.3）的信封式封装用品。

4.4.8 快递包装箱 packing boxes for express service
以瓦楞纸板为主要原料，经模切、压痕、印刷和钉合等加工后，制成提供给用户使用的可装载快件（2.3）的箱式封装用品。

4.4.9 快递包装袋 packing bags for express service
提供给用户使用的可装载快件（2.3）的袋式封装用品。

5. 服务环节

5.1 收寄

5.1.1 接单 order-taking
快递服务组织（2.2）接受寄件人寄件要求，将寄件人信息录入、核实并下发给指定收派员（4.2.1）的过程。

5.1.2 取件 pick up
快递服务组织（2.2）收取快件（2.3）的过程。

5.1.3 验视 content inspection
快递服务组织（2.2）在收寄时查验用户交寄的快件（2.3）是否符合禁寄、限寄规定，以及用户在快递运单（4.3.1）上所填报的内容是否与其交寄的实物相符的过程。

5.1.4 封装 packing
根据内件性质、寄递要求等，选用适当包装材料对快件（2.3）进行包装的过程。

5.2 内部处理

5.2.1 快件编号 tracking number of express item
由一组阿拉伯数字和英文字母组成，印制在快递运单（4.3.1）上用于标识快件（2.3）的唯一代码。

5.2.2 分拣 sorting
将快件（2.3）按寄达地址信息进行分类的过程。

5.2.3 封发 dispatching
按发运路线将快件（2.3）进行封装（5.1.4）并交付运输的过程。

5.2.4 快件总包 consolidated dispatch
混装在一个容器内，同一路由、同一种类的快件（2.3）的集合。

5.3 报关与报检

5.3.1 报关 customs declaration
在快件（2.3）进出关境或国境时，由快递服务组织（2.2）或其代理报关人向海关申报，交验规定的单据和快件（2.3），申请办理进出口手续的过程。

5.3.2 通关 customs clearance

清关

海关对快递服务组织（2.2）或其代理报关人呈交的单据和快件（2.3）依法进行审核、查验、征收税费、批准进出口的全部过程。

5.3.3 报检 declaration for quarantine inspection

快递服务组织（2.2）或其代理报检人根据有关法律、法规的规定，向检验检疫机构申请对国际快件以及港澳台快件进行检验检疫、鉴定，以获得出入境的合法凭证及某种公证证明所必须履行的法定程序和手续。

5.4 投递

5.4.1 首次投递 first delivery

快递服务组织（2.2）按规定第一次将快件（2.3）投交收件人或其指定的代收人的过程。

5.4.2 复投 second delivery

快件（2.3）首次投递（5.4.1）未能投交，快递服务组织（2.2）将进行的第二次投递。

5.5 查询

5.5.1 查询信息有效期 valid period for inquiry

自快件（2.3）收寄之日起，到快递服务组织（2.2）可受理用户查询的最长时间间隔。

5.6 投诉与申诉

5.6.1 投诉 complaint

用户对快递服务组织（2.2）提供的服务不满意，向快递服务组织（2.2）、快递协会或消费者协会提出请求处理的行为。

5.6.2 投诉有效期 valid period for complaint

自快件（2.3）收寄之日起，到快递服务组织（2.2）可受理用户投诉（5.6.1）的最长时间间隔。

5.6.3 申诉 appeal

用户投诉（5.6.1）后，在一定时间内没有得到处理，或对投诉（5.6.1）处理结果不满意，向邮政管理部门提出请求处理的行为。

5.6.4 申诉时限 time limit for appeal

自申诉事件发生之时起，到邮政管理部门可受理用户申诉的最长时间间隔。

5.7 赔偿

5.7.1 快件延误 delay of express item

快件（2.3）首次投递（5.4.1）时间超出快递服务组织（2.2）承诺的快递服务时限（6.1.1），但尚未超出彻底延误时限（6.1.3）。

5.7.2 快件丢失 loss of express item

快递服务组织（2.2）寄递快件（2.3）过程中发生的单一快件（2.3）全部丢失或快件（2.3）内件部分丢失。

5.7.3 快件损毁 damaged to express item

快递服务组织（2.2）寄递快件（2.3）过程中，快件（2.3）破损或毁坏致使快件（2.3）失去部分价值或全部价值。

5.7.4 内件不符

内件的品名、数量或重量与快递运单（4.3.1）信息不符。

6. 服务质量

6.1 服务时限

6.1.1 快递服务时限 time limit from pick-up to first delivery

快件全程时限

快递服务组织（2.2）从收寄快件（2.3）到首次投递（5.4.1）的时间间隔。

6.1.2 查询答复时限 time limit for inquiry reply

快递服务组织（2.2）自受理快件（2.3）查询之时起，到答复用户查询结果的时间间隔。

6.1.3 彻底延误时限 time limit for completely delayed service

从快递服务组织（2.2）承诺的快递服务时限（6.1.1）到达之日起，用户可以将快件（2.3）视为丢失的时间间隔。

6.1.4 投诉处理时限 time limit for complaint handling

快递服务组织（2.2）自受理用户投诉（5.6.1）之时起，到完成用户投诉（5.6.1）处理的时间间隔。

6.1.5 索赔处理时限 time limit for claim handling

快递服务组织（2.2）自受理用户索赔之时起，到答复用户赔偿方案的时间间隔。

6.2 服务评价

6.2.1 时限准时率 on-time delivery rate

在一段时期内，快递服务组织（2.2）准时投递快件（2.3）的件数与收寄快件（2.3）总件数的比率。

6.2.2 快件丢失率 rate of lost express items

在一段时期内，快递服务组织（2.2）丢失件（4.1.3.7）的件数与收寄快件（2.3）总件数的比率。

6.2.3 快件损毁率 rate of damaged express items

在一段时期内，快递服务组织（2.2）损毁件（4.1.3.6）的件数与收寄快件（2.3）总件数的比率。

6.2.4 用户投诉率 customer complaint rate

在一段时期内，快递服务组织（2.2）受理用户投诉（5.6.1）的快件（2.3）件数与收寄快件（2.3）总件数的比率。

第二部分：组织要求

1. 范围

GB／T 27917 的本部分规定了快递服务组织的资质、组织文化、加盟企业管理与国际业务代理、服务场所、设备设施、信息管理、服务格式合同、安全、沟通、统计、档案以及服务质量等方面的基本要求。本部分适用于提供国内、国际以及港澳台快递服务的组织和人员。

2. 规范性引用文件

下列文件对于本文件的应用是必不可少的。凡是注日期的引用文件，仅注日期的版本适用于本文件。凡是不注日期的引用文件，其最新版本（包括所有的修改单）适用于本文件。

GB/T 27917.1 第一部分：基本术语。

GB/T 27917.3 第三部分：服务环节。

3. 术语和定义

GB/T 27917.1 界定的术语和定义适用于本文件。

4. 总则

4.1 时效性

快件投递时间不应超出快递服务组织承诺或约定的时限。

4.2 准确性

快递服务组织应将快件投递到约定的收件地址和收件人（或收件人指定的代收人）。

4.3 安全性

快递服务组织应建立完备的安全保障机制，确保寄递安全和用户信息安全。

4.4 方便性

快递服务组织在设置服务场所、安排营业时间等方面，以及在收寄、投递、查询、投诉处理等环节，应考虑用户需求，以便为用户服务。

5. 资质

5.1 市场准入

快递服务组织应依法取得邮政管理部门颁发的快递业务经营许可证，其分支机构应依法到所在地省、自治区、直辖市邮政管理部门备案。

5.2 法人资质

快递服务组织应具有工商行政管理机关注册登记的企业法人资质。

5.3 最低从业人数

在省、自治区、直辖市范围内经营快递业务的服务组织，其总部及分支机构的人员总和不应低于15人。

跨省、自治区、直辖市经营快递业务的服务组织，其总部及分支机构的人员总和不应低于100人。经营国际及中国港澳台快递业务的组织，其总部及分支机构人员总和不应低于20人。

5.4 服务能力

5.4.1 在省、自治区、直辖市范围内经营快递业务的服务组织
在省、自治区、直辖市范围内经营快递业务的服务组织，应具备以下服务能力：

（1）具备在省、自治区、直辖市范围内经营快递业务的网络和运递能力。

（2）经营同城快递业务的，应提供寄递快件的电话查询服务；经营省内异地快递业务的，除提供电话查询服务外，还应提供快件跟踪查询的信息网络。

（3）有符合《国家职业技能标准快递业务员（试行）》并通过资格认定的快递业务员，经营同城快递业务的，快递业务员中具备初级以上资格的不应低于30%；经营省内异地快递业务的，快递业务员中具备初级以上资格的不应低于40%。

5.4.2 跨省、自治区、直辖市经营快递业务的服务组织
跨省、自治区、直辖市经营快递业务的服务组织，应具备以下服务能力：

（1）具备经营地域范围内相适应的网络和运递能力；

（2）有封闭的、面积适宜的快件处理场所，符合国务院邮政管理部门及国家安全机关依法履行职责的要求，并配备相应的处理设备、监控设备和消防设施；

（3）有统一的计算机管理系统，有可提供寄递快件跟踪查询的信息网络，并配备符合规定的数据接口，可根据要求向邮政管理部门和相关部门提供快件的相关数据；

（4）有符合《国家职业技能标准快递业务员（试行）》并通过资格认定的快递业务员，快递服务组织及其分支机构快递业务员中具备初级以上资格的均不应低于40%。

5.4.3 经营国际及中国港澳台快递业务的服务组织
经营国际及中国港澳台快递业务的服务组织，应具备以下服务能力：

（1）具备经营国际及中国港澳台快递业务的网络和运递能力；

（2）有封闭的、面积适宜的快件处理场所，符合国务院邮政管理部门及国家安全机关、海关依法履行职责的要求，并配备相应的处理设备、监控设备和消防设施；

（3）有统一的计算机管理系统，有可提供寄递快件跟踪查询的信息网络，并配备符合规定的数据接口，可根据要求向邮政管理部门和相关部门提供快件的相关数据；

（4）有符合《国家职业技能标准快递业务员（试行）》并通过资格认定的快递业务员，快递服务组织及其分支机构快递业务员中具备初级以上资格的均不应低于50%；

（5）有获得专业资格的报关、报检、报验人员。

6. 组织文化

6.1 经营理念

快递服务组织应建立服务社会、服务顾客的理念，围绕经营理念开展服务，并将组织的愿景、使命和价值观传递到每个员工。

6.2 社会责任

6.2.1 环境保护

快递服务组织应建立环保理念，在快递封装用品、运输车辆、服务场所、工作环境等方面达到环保要求。

6.2.2 员工发展

快递服务组织应制定员工发展规划，加强对员工的法制教育、职业道德教育和业务技能

培训，促进员工成长。

6.3 诚实守信

快递服务组织应通过适当方式公布服务承诺，并遵循诚信原则，信守对用户的承诺。

6.4 公平竞争

快递服务组织应遵守国家法律法规及相关规定，合理定价，公平竞争。

7. 加盟企业管理与国际业务代理

7.1 加盟企业管理

快递服务组织（总部）对加盟企业的管理，应满足以下要求：

（1）所选择的加盟企业具有企业法人资质，并取得邮政管理部门颁发的相应的快递业务经营许可证；

（2）建立加盟企业的遴选制度，确保所选择的加盟企业具有与经营地域范围相适应的运递能力；

（3）与加盟企业签订相关合同，明确责任和义务，合同宜符合国务院邮政管理部门及其他相关部门制定的《快递行业特许经营（加盟）合同》（示范文本）的要求；

（4）建立统一的作业规范，并对加盟企业进行业务指导与培训；

（5）建立评估制度，对加盟企业的服务意识、作业流程、内部管理、用户满意度等内容进行考核；

（6）妥善处理加盟企业之间的纠纷，并协调处理全网用户投诉；

（7）加强风险管理，制定风险管理预案。

7.2 国际业务代理

在境内代理国际快递业务的代理商，应满足以下要求：

具有企业法人资格，并取得邮政管理部门颁发的国际快递业务经营许可证；

具有代理收寄或投递国际快件的能力；

与委托方签订代理协议，明确双方权利和义务。

8. 服务场所

8.1 快递营业场所

快递服务组织宜具有固定的、易识别的营业场所，如营业场所搬迁或停业应通过各种渠道和有效方式告知用户。

快递营业场所应满足以下要求：

（1）有组织标识，并配备必要的服务设施。

（2）有符合相关规定的消防和监控设施。

（3）悬挂名称牌和营业时间牌，标牌保持干净、整洁。

（4）在显著位置公布：

① 服务种类；

② 资费标准；

③ 服务承诺；

④ 服务电话或者电子邮箱；
⑤ 监督投诉电话或者电子邮箱。
（5）提供各种业务单据和填写样本。
（6）办理国际快递及港澳台快递业务的营业场所，备有中英文对照的服务说明，至少指定或设置一个收寄国际及港澳台快件的营业窗口。

8.2 快件处理场所

快递服务组织应根据快件业务量、业务开通区域等因素合理设置快件处理场所。所设置的快件处理场所应满足以下要求：
（1）封闭，且面积适宜；
（2）配备相应的符合国家标准的处理设备、监控设备和消防设施；
（3）对快件处理场所进行合理分区，并设置异常快件处理区；
（4）保持整洁，并悬挂组织标识；
（5）快件处理场所的设计和建设，应符合国家安全机关和海关依法履行职责的要求。

8.3 海关快件监管场所

经营国际快递及港澳台快递业务的服务组织应设置符合海关监管要求的快件监管场所。其中，集中设置的海关快件监管场所应满足以下要求：
（1）具有独立的、面积适宜的封闭区域；
（2）安装具有存储功能的视频监控系统，供海关对监管场所进行监控，监管场所灯光及监控系统满足海关实施全方位 24h 监控需要；
（3）配备计算机管理系统，并与海关计算机联网，能按照海关要求的格式实现相关电子数据的传送、交换。

9. 设备设施

快递服务组织应具有与开办业务范围相适应的设备与设施。快递服务组织的设备与设施包括以下要求：
（1）应配备必要的车辆，并满足：
① 干线运输使用封闭式的车辆，符合安全卫生要求，宜有组织标识；
② 收寄和投递快件的车辆宜根据服务区域的实际需要灵活配置，统一标识，并符合安全卫生要求，在城区内收寄和投递快件的车辆，使用符合城区通行标准的车型；
③ 报关过程使用的车辆符合海关监管要求。
（2）应配备一定数量的封装用品、通信设备、办公设备等，快递封装用品应符合相关国家标准；
（3）应配备计算机管理系统，并与国务院邮政管理部门计算机系统联网，能按照要求的格式实现相关电子数据的传送、交换；
（4）应配备有国家计量检定合格证书的电子磅秤、电子台秤等计量器具；
（5）宜配备数据采集设备，包括手持终端、手持终端接收器等；
（6）所有设备应进行定期维护和更新。

附录 中华人民共和国《快递服务》国家标准（GB/T 27917）

10. 信息管理

10.1 功能要求

快递服务组织按照不同的服务内容，应建立符合 5.4.1（2）、5.4.2（3）、5.4.3（3）要求的信息网络系统。快递服务组织建立的信息网络系统还应满足以下功能：

（1）自动语音功能；
（2）人工话务员服务功能；
（3）记录快件状态功能；
（4）受理投诉功能；
（5）快件查询功能。

快递服务组织的信息系统还可具有投诉处理、客户关系管理、业务统计分析等功能。

10.2 信息记录

快递服务组织建立的信息网络系统应记录快件寄递过程中的以下信息：

（1）收寄时间；
（2）分拣处理场所及时间；
（3）封发时间；
（4）转运时间；
（5）投递时间；
（6）投诉及处理信息。

11. 服务格式合同

快递服务组织制定服务格式合同，其条款应符合法律规定，体现公平、公正的原则，文字表述应真实、简洁、易懂。

快递运单为服务格式合同，快递运单的内容应包括：

（1）快件编号。
（2）收件人/寄件人信息，主要包括：姓名、单位、地址、联系电话、收件人/寄件人签名。
（3）快递服务组织信息，主要包括：名称、标识、联系电话、地址和邮编。
（4）快件信息，主要包括：品名、快件内件数量、重量和体积、价值；对于国际快件和中国港澳台快件，快件信息还应包括内件分类、申报价值和原产地。
（5）费用信息，主要包括：计费项目及金额、付款方式、是否保价及保价金额。
（6）时限信息，主要包括：收寄时间、投递时间。
（7）背书信息，主要包括：查询方式与期限；用户和快递服务组织双方的权利与责任，包括用户和快递服务组织产生争议后的解决途径；赔偿的有关规定；对免除或限制快递服务组织责任及涉及快件损失赔偿的条款，应在快递运单上以醒目的方式列出，并予以特别说明。
（8）其他约定信息。

12. 安全

12.1 总则

快递服务组织应设立安全部门，或配备安全管理人员，制定安全管理制度和应急预案，落实相关责任。

12.2 人员安全

快递服务组织在提供快递服务时，应：

(1) 对员工进行交通法规和安全培训，确保交通安全；
(2) 制定设备操作规程，对员工进行安全操作培训，确保操作安全；
(3) 在快件处理场所设置必要的防护设施、安全标志及警告牌，确保内部处理安全。

12.3 快件安全

快递服务组织应采取以下措施，确保快件安全：

(1) 建立并严格执行快件收寄验视制度，遵守《中华人民共和国邮政法》《禁寄物品指导目录及处理办法》的有关规定，确保收寄快件的安全。
(2) 在收寄和投递环节，应确保快件不裸露在外。
(3) 在分拣、封发、运输、报关等处理过程中，应制定完备的监控制度，配备必要的监控设备；不准许无关人员接触快件，不准许从业人员私拆、隐匿、毁弃、窃取快件，确保快件的处理安全。
(4) 在分拣、封发、运输、报关等处理过程中，如发现问题快件，应及时做好记录并妥善处理；如需对快件进行开包，应由指定人员，在有关人员或设备的监控下进行，并做好记录。
(5) 因停业、转产、破产等原因停止快递经营活动的，应及时妥善处理所收寄的快件，确保快件安全。
(6) 除依法配合司法机关，快递服务组织不应泄露和挪用寄件人、收件人和快件的相关信息，确保快件信息安全。

12.4 代收货款安全

快递服务组织提供代收货款服务的，应以自营方式提供代收货款服务，具备完善的风险控制措施和资金结算系统，并与委托方签订协议，明确与委托方和收件人之间的权利和义务。

收派员派送代收货款快件时，宜携带验钞机或POS机，快递服务组织应提供足够的防护措施，加强对收派员人身安全的保护。

代收货款的结算周期不应超过快件妥投后1个月，有条件的快递服务组织可适当缩短结算周期，与用户另有约定的从其约定。

快递服务组织应建立代收货款信息档案，如实记录寄件人、收件人信息和货款金额等内容，档案保存期限不应少于1年。

12.5 突发事件

快递服务组织应制定突发事件应急方案。

发生突发事件造成重大服务阻断时，快递服务组织应：

(1) 按照有关规定及时报告相关部门；
(2) 启动应急方案，采取必要的应急措施，确保人员和快件安全；
(3) 以适当的方式及时告知用户。
在事件处理过程中，应对所有相关的资料进行记录和保存。相关资料和书面记录应至少保存1年。

12.6 其他

快递服务组织接受网络购物、电视购物和邮购等经营者委托提供快递服务的，应与委托方签订安全保障协议。

13. 沟通

13.1 内部沟通

快递服务组织应通过会议、布告栏和内部刊物、声像资料、互联网、信函等形式，建立内部沟通机制。

13.2 用户沟通

快递服务组织应提供与用户沟通的免费渠道，主要包括网络、电话、短信、信函等形式。

13.3 沟通内容

沟通应包括业务咨询、业务受理、快件查询、用户满意、用户投诉以及服务承诺等内容。

14. 统计

快递服务组织应建立完备的统计制度，按邮政管理部门和相关部门的要求报送有关经营情况的统计报表和报告。

从事国际快递和港澳台快递业务的快递服务组织，按邮政管理部门和相关部门的要求提供报关数据。

在建立统计制度时，快递服务组织应：
(1) 按国家有关规定设置原始记录、统计台账，建立健全统计资料的审核、签署、交接、归档等管理制度；
(2) 遵守国家有关统计报表和统计报告的编制规定；
(3) 填报时进行数据审核，确保数据真实、准确和完整。

15. 档案

15.1 档案的范围

快递服务组织应将运营过程中形成的各种记录进行分类、汇总、储存，形成档案，作为其经营管理的依据。

档案中各项记录的内容应真实、详细，能够记录快递服务组织和用户之间的交易过程，确保双方的权益不受侵害。

15.2 档案的管理

整理的档案应保持清晰、易于识别和检索，宜按照快递业务员、用户、业务、监控、财务、组织等分别组卷。

快递服务组织宜采用现代信息技术，建立档案数据库，实现档案的计算机管理和查询。

15.3 档案的保存期限

国内快递运单的实物保存期限，应满足快递纠纷及赔偿处理的需要，宜不少于1年，相应的电子档案保存期限不应少于2年。

国际快递、港澳台快递运单的实物保存期限不应少于6个月。其他档案的保存期限应满足相关法律法规的要求。

16. 服务质量

16.1 服务质量管理

16.1.1 作业规范

快递服务组织应识别快递服务的过程，并制定清晰的工作流程和完备的作业规范。作业规范应满足 GB/T 27917.3 的规定。

16.1.2 服务承诺

快递服务组织应在营业场所公示或以其他方式向社会公布其服务承诺，服务承诺应至少包括：服务种类、服务时限、服务价格、赔偿、投诉处理、附加服务的承诺。

16.1.3 快递服务时限

除了与用户有特殊约定（如偏远地区），快递服务时限应满足以下要求：

（1）同城快递服务时限不超过24h；

（2）国内异地快递服务时限不超过72h；

（3）港澳台快递服务时限不超过6个工作日；

（4）除出现海关清关障碍等因素外，寄达下列地区各国主要城市的国际快递服务时限应满足以下要求：

① 亚洲和北美洲地区快递服务时限不超过6个工作日；

② 欧洲地区快递服务时限不超过8个工作日；

③ 大洋洲地区快递服务时限不超过9个工作日；

④ 其他地区国际快递服务时限可视实际情况而定。

16.1.4 服务费用

16.1.4.1 服务费用设置原则

快递服务费用设置应遵循公平、合法、诚实、信用的原则。

快递服务组织不应相互串通，操纵市场价格，损害用户或者其他经营者的合法权益。

16.1.4.2 重量计费原则

计费重量应取快件的实际重量或体积重量。

16.1.5 用户投诉

快递服务组织应提供投诉的渠道，并通过各种方式告知用户。

快递服务组织应按照服务承诺和约定及时处理用户投诉，并对用户投诉进行统计和分析。对消费者权益保护组织转办的投诉应及时处理。

非经投诉人同意,不应公开投诉人个人信息。

投诉处理还应符合 GB/T 27917.3 中 5.6.1 的要求。

16.1.6　赔偿

快递服务组织应对快件的延误、丢失、损毁以及内件不符进行赔偿。

16.2　服务质量评价

16.2.1　总则

快递服务组织应建立以用户满意度、时限准时率和用户投诉率为核心的快递服务质量评价体系,定期评估测试快递服务水平。

16.2.2　用户满意度

快递服务组织应测量用户满意度,发现用户的潜在需求,改进服务质量。

快递服务组织应收集用户满意信息,收集的方法主要包括:

(1) 向用户发放问卷调查表;

(2) 直接与用户沟通;

(3) 收集各种媒体的报告;

(4) 消费者权益保护组织反映的情况;

(5) 其他。

用户满意的评价程序应包括:汇总用户满意的信息,利用适当的统计技术进行分析处理,确定用户的满意程度,找出提供的服务与用户期望的差距并制定改进措施。

16.2.3　用户服务类指标

快递服务组织应定期测算以时限准时率和用户投诉率为核心的用户服务类指标,分析存在的问题,并采取措施,不断予以改善。

用户服务类指标应包括:

(1) 时限准时率;

(2) 用户投诉率;

(3) 快件丢失率;

(4) 快件损毁率;

(5) 信息上网及时率。

16.3　服务改进

快递服务组织应根据服务质量的评价结果,寻找与用户需求的差距,制定改进措施并予以实施,以提高服务水平。

第三部分:服务环节

1. 范围

GB/T 27917 的本部分规定了国内快递业务服务环节,以及国际、中国港澳台快递业务在国内服务环节的具体要求。

本部分适用于提供国内、国际及中国港澳台快递服务的组织和人员。

2. 规范性引用文件

下列文件对于本文件的应用是必不可少的。凡是注日期的引用文件，仅所注日期的版本适用于本文件。凡是不注日期的引用文件，其最新版本（包括所有的修改单）适用于本文件。

GB/T 27917.1 快递服务 第一部分：基本术语

3. 术语和定义

GB/T 27917.1 界定的术语和定义适用于本文件。

4. 总则

4.1 系统优化

快递服务组织应制定完备的业务流程及操作规范，确保各环节密切配合，协调作业。

4.2 质控严格

各环节的操作应符合业务流程及操作规范的要求，确保快递服务质量。

4.3 信息完备与协调

各环节的作业信息应记录完整、清楚、准确，及时上传网络，确保快件及其相关信息协调一致。

4.4 作业安全

各环节作业过程中，应制定安全保障措施，确保快件寄递安全和用户信息安全。

5. 国内快递业务

5.1 概述

国内快递业务的服务环节主要包括：收寄、分拣、封发、运输、投递，以及查询、投诉和赔偿等。

5.2 收寄

5.2.1 收寄形式

收寄应主要包括上门收寄和营业场所收寄两种形式。

5.2.2 上门收寄

5.2.2.1 接单

快递服务组织接单应满足以下要求：

（1）记录用户姓名、取件地址、联系方式、快递种类、快件品名、快件目的地等相关信息；

（2）约定取件时间；

（3）若不能提供快递服务，以适当的方式及时告知用户。

5.2.2.2 取件

快递服务组织接单后应立即通知收派员取件。

收派员取件应包括以下要求：
(1) 取件时间宜在2h以内，有约定的除外；
(2) 应统一穿着有组织标识的服装，并佩戴工号牌或胸卡；
(3) 应携带必备的快递运单、快递封装用品和计量器具等；
(4) 取件后，应及时将快件送交快递营业场所或快件处理场所。

5.2.3 营业场所收寄
在营业场所收寄时，快递服务组织应：
(1) 告知服务范围、服务时限、服务费用、物品禁限寄规定等；
(2) 为用户提供基本的用品用具。

5.2.4 验视
5.2.4.1 验视要求
收派员应要求用户如实告知快件内件的种类和性质。

对用户交寄的信件，必要时快递服务组织可要求用户开拆，进行验视，但不应检查信件内容。对用户交寄的信件以外的快件，快递服务组织收寄时应当场验视内件，用户拒绝验视的，不予收寄。

验视时，应满足以下要求：
(1) 查验用户交寄的物品是否符合国家禁限寄规定以及是否与快递运单上填报的内容相符；
(2) 发现禁寄物品应拒收并向寄件人说明原因；
(3) 发现限寄物品，应告知寄件人处理方法及附加费用。

5.2.4.2 特殊情况
经验视，收派员仍不能确定安全性的存疑物品，应要求寄件人出具相关部门的安全证明，否则，不予收寄。

快递服务组织收寄已出具安全证明的物品时，应如实记录收寄物品的名称、规格、数量、收寄时间、寄件人和收件人名址等信息，记录保存期限应不少于1年。

5.2.5 封装
5.2.5.1 封装形式
快件的封装应主要包括快递业务员负责封装和寄件人自行封装两种形式。

5.2.5.2 重量与规格
快件的单件宜满足以下要求：
(1) 单件质量不超过50 kg；
(2) 包装规格任何一边的长度不超过150 cm，长、宽、高三边长度之和不超过300 cm。

5.2.5.3 一般要求
封装时应使用符合国家标准和行业标准规定的快递封装用品。

封装时应防止快件：
(1) 变形、破裂、损坏或变质；
(2) 伤害用户、快递业务员或其他人；
(3) 污染或损毁其他快件。

快递业务员负责封装，需要寄件人支付费用时，应在封装前告知用户所需费用。

5.2.5.4 具体要求

对信件、包裹和印刷品的封装应满足以下要求：

（1）信件封装以不影响快递封套的正常封口为准，封装完成后，应在快递封套的显著位置标注"信件"字样，不应打包后作为包裹寄递；

（2）包裹封装应综合考虑寄递物品的性质、状态、体积、质量、路程和运输方式等因素，选择适当的方式封装；

（3）印刷品应平直封装。

5.2.6 称重与计费

快递服务组织应使用秤、卷尺等计量用具测量快件的实际质量和体积质量，确定正确的计费质量，并根据计费质量服务种类等确定服务费用。

快递服务组织应在提供服务前告知用户收费依据、收费标准或服务费用。

寄件人支付费用后，快递服务组织应向寄件人提供发票。

5.2.7 快递运单填写

5.2.7.1 提示

填写快递运单前，快递服务组织应提醒寄件人阅读快递运单的服务合同条款，并建议寄件人对贵重物品购买保价或保险服务。

5.2.7.2 填写要求

寄件人应按照相关要求填写快递运单，以确保：

（1）字迹清楚、工整；

（2）内件品名、种类、数量等信息填写准确；

（3）寄件人姓名、地址、联系方式，收件人姓名、地址、联系方式等内容填写完整。

5.2.8 录入收寄信息

快件收寄后，应及时录入收寄信息并按规定上传网络。

5.3 内部处理

5.3.1 概述

快件内部处理主要包括分拣、封发、运输等环节。

如在内部处理过程中发现禁寄物品，应立即停止寄递，对各种反动报刊、书籍，淫秽物品，毒品及其他危险品，应及时通知公安机关处理，并及时报告当地邮政管理部门。

5.3.2 分拣

分拣包括以下要求：

（1）应按收件地址、快件种类、服务时限要求等依据进行分拣；

（2）应分区作业；

（3）文明分拣，不应野蛮操作，快件分拣脱手时，离摆放快件的接触面之间的距离不应超过 30 cm，易碎件不应超过 10 cm；

（4）小件物品及文件类快件，不宜直接接触地面；

（5）应准确将快件分拣到位，避免出现错分滞留现象；

（6）应及时录入分拣信息，并按规定上传网络。

5.3.3 封发

封发包括以下要求：

(1) 应准确封发，防止错发漏发；
(2) 应对中途需要中转的以及小件物品，建立总包进行封发；
(3) 应及时录入封发信息，并按规定上传网络。

5.3.4 运输

运输包括以下要求：

(1) 在快件的装载和卸货环节，应确保快件不受损害，核对快件数量和质量，如发现异常快件，应及时记录，并注明处理情况；
(2) 如需转运，应严格按照中转时限转发；
(3) 应按照规定路由进行运输，若出现特殊情况，致使原规定的路由不适用时，可根据实际情况调整计划，并做好记录；
(4) 应及时录入运输信息，并按规定上传网络。

5.4 投递

5.4.1 形式

投递形式应主要包括按名址面交、用户自取或与用户协商投递三种形式。

5.4.2 按名址面交

5.4.2.1 投递时间

快递服务组织投递应不超出向用户承诺的服务时限。

5.4.2.2 人员着装

收派员投递时应统一穿着具有组织标识的服装，并佩戴工号牌或胸卡。

5.4.2.3 投递次数

快递服务组织应对快件提供至少2次免费投递。

投递2次未能投交的快件，收件人仍需要快递服务组织投递的，快递服务组织可收取额外费用，但应事先告知收件人收费标准。

5.4.2.4 快件签收

5.4.2.4.1 验收

收派员将快件交给收件人时，应告知收件人当面验收快件。快件外包装完好，由收件人签字确认。如果外包装出现明显破损等异常情况的，收派员应告知收件人先验收内件再签收；快递服务组织与寄件人另有约定的除外。

对于网络购物、代收货款以及与客户有特殊约定的其他快件，快递服务组织应按照国家有关规定，与寄件人（商家）签订合同，明确快递服务组织与寄件人（商家）在快件投递时验收环节的权利义务关系，并提供符合合同要求的验收服务；寄件人（商家）应当将验收的具体程序等要求以适当的方式告知收件人，快递服务组织在投递时也可予以提示；验收无异议后，由收件人签字确认。

国家相关部门对快件验收另有规定的，从其规定。

5.4.2.4.2 代收

若收件人本人无法签收时，经收件人（寄件人）允许，可由其他人代为签收。代收时，收派员应核实代收人身份，并告知代收人代收责任。

5.4.2.4.3 例外情况

在验收过程中，若发现快件损坏等异常情况，收派员应在快递运单上注明情况，并由收件人（代收人）和收派员共同签字；收件人（代收人）拒绝签字的，收派员应予以注明。

5.4.2.5 费用收取

收件人（代收人）支付费用后，快递服务组织应提供发票。

5.4.3 用户自取

用户自取主要适用于以下情况：

（1）投递 2 次仍无法投递的快件；

（2）相关政府部门（如海关、公安等）提出要求的。

5.4.4 与用户协商

对有特殊需求的用户，快递服务组织可与用户协商，采取其他方式妥投用户。

5.4.5 无法投递快件

快递服务组织应在投递前联系收件人，当出现快件无法投递情况时，应采取以下措施：

（1）首次无法投递时，应主动联系收件人，通知复投的时间及联系方法，若未联系到收件人，可在收件地点留下派送通知单，将复投的时间及联系方法等相关信息告知收件人。

（2）复投仍无法投递，可通知收件人采用自取的方式，并告知收件人自取的地点和工作时间。收件人仍需要投递的，快递服务组织可提供相关服务，但应事先告知收件人收费标准和服务费用。

（3）若联系不到收件人，或收件人拒收快件，快递服务组织应在彻底延误时限达到之前联系寄件人，协商处理办法和费用，主要包括：

① 寄件人放弃快件的，应在快递服务组织的放弃快件声明上签字，快递服务组织凭放弃快件声明处理快件；

② 寄件人需要将快件退回的，应支付退回的费用。

5.4.6 无着快件

5.4.6.1 处理方式

快递服务组织应及时登记无着快件，并将无着快件每半年 1 次集中到省级邮政管理部门所在地或其办事处所在地，申请集中处理。

5.4.6.2 期限

无着快件的信件，自快递服务组织确认无法退回之日起超过 6 个月无人认领的，由快递服务组织在邮政管理部门的监督下销毁。

无着快件的其他快件，自快递服务组织确认无法退回之日起超过 6 个月无人认领的，由快递服务组织在邮政管理部门的监督下进行开拆处理，不宜保存的物品除外。

5.4.6.3 处置

对因寄件人或收件人信息缺失而导致的无着快件，能从拆出的物品中寻找收件人或寄件人信息的，应继续尝试投递或退回。除此之外，对于能变卖的物品，应交当地有关部门收购，价款上缴国库；不能变卖的，应按以下要求处置：

（1）存款单、存折、支票，应寄交当地人民银行处理，其他实名登记的有价证券，应寄往发行证券的机构处理；

（2）金银饰品，应由邮政管理部门指定的机构收购后，由邮政管理部门上缴国库；

(3) 本国货币，应由邮政管理部门上缴国库，外国货币，应兑换成人民币后由邮政管理部门上缴国库；
(4) 户口迁移证、护照和其他各种证件，应送发证机关处理；
(5) 其他不能变卖的物品，根据具体情况，妥为处理。

5.4.7 彻底延误时限

彻底延误的快件，快递服务组织应根据有关规定予以赔偿。

根据国内快递服务的类型，彻底延误时限应主要包括：

(1) 同城快件为3个日历天；
(2) 省内异地和省际快件为7个日历天。

注：彻底延误时限是指从快递服务组织承诺的快递服务时限达到之日起，到用户可以将快件视为丢失的时间间隔。例如，某一快递服务组织承诺的省际快件服务时限为A个日历天，则从其交寄之日起，A+7个日历天后，快件仍未到达，则可视为该快件彻底延误（丢失），其余类型的快件以此类推。

5.4.8 录入投递信息

收派员投递快件后，应及时录入投递信息并上传网络。

5.5 查询

5.5.1 查询渠道

快递服务组织应根据业务种类向顾客提供电话或互联网等免费查询渠道。

5.5.2 查询凭证

快件收寄后，用户可凭借快递运单对快件进行查询。

5.5.3 查询内容

查询内容应包括快件当前所处服务环节及所在位置。

对于国内异地快件，快递服务组织宜提供全程跟踪的即时查询服务。

5.5.4 查询受理时间

国内快件互联网查询受理时间应为一周7天，每天24h；国内快件电话人工查询受理时间应为一周7天，每天应不少于8h。

5.5.5 查询答复时限

对于通过互联网不能查找的快件，用户电话查询时，快递服务组织应在30 min内告知用户，告知的内容应主要包括：

(1) 快件所处的服务环节及所在位置；
(2) 不能提供快件即时信息的，告知用户彻底延误时限及索赔程序。

5.5.6 查询信息有效期

国内快件查询信息有效期应为1年。

5.6 投诉与申诉

5.6.1 投诉

5.6.1.1 投诉受理

快递服务组织应提供用户投诉的渠道，主要包括互联网、电话、信函等形式。

国内快件投诉有效期为1年。

受理投诉时，快递服务组织应记录如下信息：

(1) 投诉人的姓名、地址和联系方式；
(2) 投诉的理由、目的、要求；
(3) 其他投诉细节。

快递服务组织在记录的过程中，应与投诉人核对信息，以保证信息的准确性。

5.6.1.2 投诉处理时限

国内快递服务投诉处理时限应不超过30个日历天，与投诉人有特殊约定除外。

5.6.1.3 投诉处理

快递服务组织应对投诉信息进行分析，提出处理方案，制定补救措施，按服务承诺及时处理。投诉处理完毕，快递服务组织应在处理时限内及时将处理结果告知投诉人。若投诉人对处理结果不满意，应告知其他可用的处理方式。

快递服务组织应根据投诉信息统计分析结果，采取措施改进服务质量。

5.6.2 申诉

用户向快递服务组织投诉后30个日历天未做出答复的，或对快递服务组织处理和答复不满意的，可向邮政管理部门提出申诉。

国内快递服务申诉时限为1年。

5.7 赔偿

发生快件延误、丢失、损毁和内件不符时，快递服务组织应予以赔偿（具体规定见附录A）。

5.8 例外情况

5.8.1 改寄

在国内快件尚未完成投递时，如寄件人提出申请，快递服务组织可提供改寄服务（可更改收件地址，但不可更改收件人），提供改寄服务时，快递服务组织应告知寄件人需要承担的改寄费用并告知收费标准。

5.8.2 撤回

对尚未首次投递的国内快件，如寄件人提出申请，快递服务组织可提供撤回服务，提供撤回服务时，快递服务组织应告知寄件人需要承担的费用并告知收费标准。

6. 国际快递业务

6.1 概述

国际快递业务包括国际出境快递业务和国际进境快递业务。

国际出境快递业务的国内服务环节主要包括：收寄、分拣、封发、运输、出口报关，以及查询、投诉和赔偿等。

国际进境快递业务的国内服务环节主要包括：进口报关、运输、分拣、投递等。

除另有规定外，港澳台快递业务应遵照国际快递业务规定执行。

6.2 国际出境快递

6.2.1 收寄

6.2.1.1 一般规定

国际出境快件的收寄，应符合5.2的规定。

6.2.1.2 特殊规定

6.2.1.2.1 接单
对于国际出境快件,在接单时,还应满足以下要求:
(1) 协助用户了解寄达国或地区对快件的特殊规定;
(2) 对于物品类快件,应提示寄件人准备海关需要的相关单证。

6.2.1.2.2 验视
检查所寄的快件是否符合我国及寄达国或地区规定。
对于国际出境快件,验视时还应检查物品类快件所需的单证是否符合要求,如不符合要求,可拒收快件。

6.2.1.2.3 重量与规格
国际快件的重量与规格,如有双边特别约定,可按约定执行。

6.2.1.2.4 计费
快递服务组织应明确告知寄件人国际快递业务可能产生的额外费用,主要包括:
(1) 国际航空燃油附加费;
(2) 物品类快件所需的报关费用;
(3) 其他需要用户支付的费用。

6.2.1.2.5 快递运单的填写
收派员宜指导用户正确填写国际快递运单。

6.2.2 分拣、封发和运输
国际出境快件的分拣和运输应分别符合5.3.2和5.3.4的要求。封发时,国际快件应单独装袋封发,不应同国内快件混封。

6.2.3 出口报关

6.2.3.1 概述
国际出境快件应按有关法律法规规定向海关申报出口。
对国际出境快件的报关可采用代理报关的方式。
快递服务组织可设立报关部门,配备报关员,向当地海关申请代理报关资格,办理代理报关业务,并配合海关对受海关监管的进出境国际快件实施查验放行工作。

6.2.3.2 报关要求
快递服务组织报关时,应满足以下要求:
(1) 在快件的外包装上标有符合海关自动化检查要求的条形码;
(2) 用户交寄的需要进行卫生检疫或者动植物检疫的快件,应附有检疫证书;
(3) 及时向海关呈交快件报关所需的单证、资料,并如实申报所承运的快件;
(4) 国际出境快件自向海关申报起到出境止,应存放于海关快件监管场所,并妥为保管;
(5) 未经海关许可,不应将监管时限内的快件进行装卸、开拆、重换包装、提取、派送、发运或进行其他作业;
(6) 海关将部分内件或整件扣留没收时,应将海关签发的扣留通知单及时送达寄件人。

6.2.4 查询
对于国际出境快件,快递服务组织宜提供全程跟踪的即时查询服务,并符合5.5.1、5.5.2、5.5.3和5.5.5的要求。

国际快件查询信息有效期为 6 个月。

国际快件电话人工查询受理时间一周 5 天，每天应不少于 8 小时。

对于通过代理方式开展国际快递业务的，快递服务组织应及时将快件信息与国外代理组织进行交换传输和跟踪查询。

6.2.5　彻底延误时限

国际快递彻底延误时限为 21 个日历天。

6.2.6　投诉和申诉

6.2.6.1　投诉受理

快递服务组织应提供用户投诉的渠道，主要包括互联网、电话、信函等形式。

国际快件的投诉有效期为 6 个月。

受理投诉时，快递服务组织应记录如下信息：

（1）投诉人的姓名、地址和联系方式；

（2）投诉的理由、目的、要求；

（3）其他投诉细节。

快递服务组织在记录的过程中，应与投诉人核对信息，以保证信息的准确性。

6.2.6.2　投诉处理

国际快件的投诉处理应符合 5.6.1.3 的要求。

国际及港澳台快件投诉处理时限应不超过：

（1）国际快件为 60 个日历天；

（2）港澳台快件为 30 个日历天。

6.2.6.3　申诉

用户向快递服务组织投诉后 60 个日历天未做出答复的，或对快递服务组织处理和答复不满意的可向邮政管理部门提出申诉。

国际快递申诉时限为 6 个月。

6.2.7　撤回

国际快件尚未验关时，快递服务组织可提供撤回服务。

寄件人在向快递服务组织提出撤回申请时，快递服务组织应告知寄件人需要承担撤回费用并告知收费标准。

6.2.8　赔偿

发生快件延误、丢失、损毁、内件不符时，快递服务组织应予以赔偿（具体规定见附录 A）。

6.3　国际进境快递

6.3.1　进口报关

国际进境快件报关应符合 6.2.3.2（1）、（2）、（3）、（4）列项的要求。

国际进境快件自向海关申报起到完成清关，应存放于海关快件监管场所，并妥为保管。海关将部分内件或整件扣留没收时，应将海关签发扣留通知单送达收件人。

6.3.2　分拣和运输

国际进境快件的分拣和运输应分别符合 5.3.2 和 5.3.4 的要求。国际进境快件分拣时应按海关要求将快递运单相关信息翻译成中文。

6.3.3 投递

国际进境快件的投递，应符合5.4的要求。

国际进境无着快件，快递服务组织保管期满3个月后，应按5.4.6.1和5.4.6.3的规定进行处理；对于处于报关阶段的无着快件，应由海关依法进行处理。

附录A：

快件赔偿规定

A.1 赔付对象

快件赔付的对象应为寄件人或寄件人指定的受益人。

A.2 赔偿条件

在寄递过程中，发生延误、丢失、损毁、内件不符时，快递服务组织应予以赔偿。
在属于下列情况的，快递服务组织可不负赔偿责任：
（1）所寄物品的自然性质或者合理损耗造成快件损失的；
（2）由于不可抗力的原因造成损失的（保价快件除外）；
（3）因寄件人、收件人的过错造成损失的。

A.3 赔偿原则

A.3.1 总则

快递服务组织与用户之间有约定的应从约定，没有约定的可按以下原则执行。

A.3.2 快件延误

延误的赔偿应为免除本次服务费用（不含保价等附加费用）。
由于延误导致内件直接价值丧失，应按照快件丢失或损毁进行赔偿。

A.3.3 快件丢失

快件发生丢失时，应免除本次服务费用（不含保价等附加费用），此外，还应：
（1）对于购买保价的快件，快递服务组织按照被保价金额进行赔偿；
（2）对于没有购买保价的快件，按照《中华人民共和国邮政法》《中华人民共和国合同法》等相关法律规定赔偿；
（3）造成用户其他损失的，按照相关民事法律法规赔偿。

A.3.4 快件损毁

快件损毁赔偿应主要包括：
（1）完全损毁，指快件价值完全丧失，参照快件丢失赔偿的规定执行；
（2）部分损毁，指快件价值部分丧失，依据快件丧失价值占总价值的比例，按照快件丢失赔偿额度的相同比例进行赔偿。

A.3.5 内件不符

内件不符赔偿应主要包括：
(1) 内件品名与寄件人填写品名不符，按照完全损毁赔偿；
(2) 内件品名相同，数量和重量不符，按照部分损毁赔偿。

A.4 索赔程序

A.4.1 索赔申告

寄件人在快件发生延误、丢失、损毁、内件不符时，可以依据赔偿规定向快递服务组织提出索赔申告。快递服务组织应提供索赔申告单给寄件人，寄件人填写后递交给快递服务组织。

A.4.2 索赔受理

快递服务组织应在收到寄件人的索赔申告单24h内答复寄件人，并告知寄件人索赔处理时限。

A.4.3 索赔处理时限

快递服务组织除了与寄件人有特殊约定外，索赔处理时限应不超过：
(1) 同城和国内异地快件为30个日历天；
(2) 港澳台快件为30个日历天；
(3) 国际快件为60个日历天。

A.4.4 赔金支付

快递服务组织与寄件人就赔偿事宜达成一致后，应在7个工作日内向寄件人或寄件人指定的受益人支付赔金，与用户有约定的除外。

A.4.5 索赔争议的解决

寄件人与快递服务组织就是否赔偿、赔偿金额或赔金支付等问题可先行协商，协商不一致的，可依相关规定选择投诉、申诉、仲裁、诉讼等方式，如选择仲裁，应在收寄时约定仲裁地点和仲裁机构。

参 考 文 献

[1] 王阳军. 快递业务操作与管理 [M]. 北京：化学工业出版社，2014.
[2] 杨国荣，徐兰. 快递实务 [M]. 北京：北京理工大学出版社，2013.
[3] 花永剑. 快递公司物流运营实务 [M]. 北京：清华大学出版社，2013.
[4] 刘万军. 快递实务 [M]. 北京：中国财政经济出版社，2015.
[5] 国家邮政局. 快递业务操作与管理 [M]. 北京：人民交通出版社，2011.
[6] 李育蔚. 快递人员岗位培训手册 [M]. 北京：人民邮电出版社，2012.
[7] 梁军. 快递运营管理 [M]. 上海：上海财经大学出版社，2014.
[8] 刘安华. 快递业务操作与管理 [M]. 西安：西安交通大学出版社，2014.
[9] 刘玉洁. 我国快递行业法律规制研究 [D]. 烟台：烟台大学，2014.
[10] 郝书池，姜燕宁. 快递行业服务水平评价指标体系及评价方法研究 [J]. 物流科技，2010（6）：87-90.